晚清

邵循正————著

七十年

中華書局

1935 年，邵循正在德國留學時攝於柏林動物園

晚清武衛軍兵士

總理衙門大臣成林、文祥、寶鋆

廣州將軍及其僕從合影，照片約攝於同治年間

1868—1870 年，清政府正式派遣首支出訪歐美的使團（蒲安臣使團）

光緒二十二年（1896 年），李鴻章、李瀚章攝於上海

八國聯軍從午門進入紫禁城

慈禧太后在颐和园留影

1900 年，「東南互保」條例簽署現場

1908 年，醇親王載灃與溥儀（右立）、溥傑（懷中嬰兒）

目　錄

第一編　民族危機步步加深

中日戰爭　　/ 002

十九世紀帝國主義者對在華天主教保護權的爭奪　　/ 019

辛亥革命前五十年間外國侵略者和中國買辦化軍閥、
官僚勢力的關係　/ 028

第二編　變局下的救亡圖存

官督商辦：洋務派民用企業的性質和道路　　/ 046

洋務運動和中國資產階級的發展　　/ 075

戊戌變法　/ 098

戊戌維新運動的積極意義　/ 118

第三編　四民社會的革新

太平天國革命後江南的土地關係和階級關係　　/ 134

論鄭觀應　/ 155

辛亥革命時期資產階級革命派和農民的關係問題　　/ 187

附　錄

民族喪失二十年的光陰　蔣廷黻　　/ 206

中國近代化的延誤　郭廷以　　/ 210

第一編

民族危機步步加深

中日戰爭

先談一下中日戰爭的背景

從一八六四年以後的三十年，中國半殖民地半封建社會和政治逐步形成，外國資本主義把中國變為商品市場，侵略勢力在中國逐漸建立半殖民地的統治秩序。他們從政治上、經濟上、軍事上控制着中國封建統治勢力而使之逐漸買辦化。

在這個時期，資本主義國家的勢力向中國內地深入。因此他們不但注意如何控制清朝中央政府，同時還分別控制地方的封建勢力，主要就是那些新興的淮系和湘系的軍閥。我們這裏着重談一下以李鴻章為首的淮系軍閥，以及北洋海陸軍的買辦化。這是我們了解中日戰爭所以失敗的關鍵。

從太平天國末年以來，淮系的勢力逐漸超過湘系，變成清政府更重要的工具。淮系一開頭就和英、美（特別是英國）密切聯繫，因此他們買辦化程度比湘系更深。湘系領袖曾國藩到

一八七〇年逐漸失勢了，他所搞的洋務也沒有李鴻章多。另一首領左宗棠（湘系）最先聯合法軍進攻太平天國，接着又依靠法國在福州馬尾辦造船廠。但是，法國資本主義在華勢力遠不及英國，而且左宗棠不久就有一個很長時期處在西北，和外國勢力的關係漸遠。在西北他和德國的軍火商人和技術人員發生聯繫，但他的買辦化程度不及李鴻章。正因為這個原因，左宗棠在一些方面確比李鴻章強。如他在西北毅然進攻英國所支持的、殘酷壓迫新疆各族人民的阿古柏侵略勢力；又如在中法戰爭中他力主抵抗，而買辦化日深的李鴻章則堅持妥協投降。

李鴻章的買辦化程度之所以特別深，主要因素是他在太平天國後期到了上海，直接接觸上海的買辦商人勢力，和他們密切聯絡。前此在十九世紀五十年代的末期，這些買辦商人就企圖做勾結內外勢力的橋樑，但因條件未成熟沒能成功。李鴻章一到就成了他們有力的代言人。江南成為淮系的發源地，李鴻章就在這裏開始了他的洋務事業。李鴻章先後提出了「自強」和「求富」的口號。洋務事業乃是藉用外國資本主義的技術來鞏固封建統治，並使封建統治本身買辦化以適合於列強半殖民地的統治秩序。當然，像他們所辦的這些招商局、開礦、電報……就這些事業本身來說，都是應該舉辦的。

這些事業，洋務派官僚軍閥都認為是私產。李鴻章從十九

世紀六十年代初年就已經辦了這些洋務。他在蘇州設立了三個炮局，其中主要的一個是英國人馬格里給他辦的，攻下南京以後，蘇州炮局遷南京並更名為金陵機器局。另外有一個炮局，在丁日昌的主持下遷到上海更名江南製造局。李鴻章認為這些東西都是屬於他的，所以一八六五年清政府調他去河南打捻軍，他捨不得離開，在一篇奏章中《覆陳進軍河洛摺》說，這些新軍和局、廠都是他一手辦起來的。局、廠是淮軍的命脈，不能拱手讓人。故而，以後儘管李鴻章被調到別處去，他對江南的洋務事業仍然保持着一定的利益。

　　一八七〇年李鴻章移督北洋。他另起爐灶，又搞了一套，主要是天津機器局，然後在「求富」名義下，又辦招商局、開平（後來的開灤）煤礦和電報局，這時他一方面搞軍需工業，一方面借「自強」的名義來擴充自己的力量。他主要利用了英國勢力系統的買辦，像唐廷樞先替他辦招商局又為他辦煤礦，徐潤給他辦招商局，這兩個人都是英商洋行的買辦；鄭觀應給他辦紗廠，他也是英商洋行的買辦。李鴻章在掌握了這些企業以後，勢力已經大為擴張，他的利益不限於北洋而一直達到長江流域。

　　李鴻章除了掌握這些洋務工業以外，又辦了北洋海、陸軍並佈置北方沿海防務。他先是依靠英國的勢力。但是，從十九

世紀七十年代起淮系逐漸捲入了英德的競爭中。因為在這個時期，德國資本主義發展得很快，在中國的勢力迅速擴張，中國成為德國軍火業的市場。這樣德國就和英國展開了激烈的競爭。當時美國也曾想控制中國海軍，早在一八八〇年美國公使館曾經介紹前任總統格蘭忒的一個親戚來中國操練北洋海軍，但是沒有成功，美國就轉而支持英國。英國的公使威妥瑪曾經提出，中國的海陸軍只能交給一個國家去辦，假如落在別人的手裏英國的利益就要受損。這就等於要求由英國單獨來掌握中國的軍隊。英國當然不願意這些軍隊獲得真正的發展，希望這些軍隊只能鎮壓中國的人民，而不能抵禦外來的侵略。一八八〇年，前「常勝軍」英國將領戈登給香港總督的一封信中就曾說過：假如中國有了真正的武裝力量，就不會聽我們的話，鴉片貿易就得停止了。

　　事實上從一八七六年起，一個德國人德璀琳，做了李鴻章的主要顧問，德國勢力就已經通過他支配了李鴻章。另一方面英國人馬格里製造軍火的敷衍塞責，使李鴻章對英國失去了信任，而轉信德國克虜伯的軍火。從那時起德國的力量就完全滲透到淮系軍閥勢力中來。一八八〇年德國將官漢納根到中國搞炮台，修船塢，在旅順、大連、威海衛三處修築了炮台，一直搞了十年，以後因和李鴻章意見不和，在一八九〇年就暫時

離開了中國，甲午之戰時又回來了。可是英國人也並不放鬆，十九世紀八十年代和九十年代初英德兩國軍火商（克虜伯和阿姆斯脫郎）在中國競爭，達到了劇烈的程度。

在中法戰爭以前，北洋海軍的船是英德各半，炮火部分都是買德國的，海軍將官們大部分是英國人，陸軍將領由德國控制。中法戰爭開始，英國統率北洋海軍的主將因受英國中立法規的限制離去了。就由一個德國的將官式百齡繼任，德國在北洋的勢力也就增加了。中法戰爭以前，北洋海軍船較少，力量也不大，中法戰爭以後有了增加。清政府在北京設立海軍衙門，雖然有醇王、慶王兩人主持，實際上這機關成為李鴻章和自英國回國的湘系代表曾紀澤對打的場所。英德勢力之爭，在這裏也就通過李曾二人而激烈地展開。最後清政府做公證人，決定英德平分秋色。

這樣嚴重買辦化的海陸軍當然不可能成為真正的國防力量。英國人琅威理做北洋海軍總教習好幾年，他和丁汝昌關係搞得很好，維持自己的地位。但是，事實上他也並不是為了幫助中國練海軍而來的。甲午戰爭前幾年他回國到處吹噓中國海軍如何如何的好，事實上只是粉飾自己的業績罷了。

所以在甲午戰爭以前，中國的新海軍就這樣受英德資本主義的控制。甲午戰爭爆發以後，德國將領漢納根回到中國，他

聲言以私人資格來中國並為私事赴朝鮮，但在其乘「高升號」赴朝鮮時被日軍擊沉，漢納根獲救後回中國又入北洋海軍，和丁汝昌共掌大權，其地位遠在其他英國將領之上。德國侵略勢力在北洋海軍中遂又高漲。

北洋陸軍主要的也是由德國軍官來培養的。英國人說這些部隊「鴨子步」（德國式操練正步走）走得很好，就是不能打仗。實際上支配北洋海陸軍的當時是德璀琳，英國人說「他自命為俾斯麥，可惜他不照一照鏡子」。

這些情況就說明了洋務派的買辦性，也就清楚說明了所謂「洋務運動」的實質。買辦軍閥沒有可能辦出真正有用的海陸軍，至於挪軍費修頤和園，還是比較次要的事情。

同時，在這個時期，洋務派包辦新興工業，排斥民間資本，阻礙了中國資本主義的真正發展，和封建勢力勾結來壓迫民間的資本，使中國加緊半殖民地化。這樣中國和當時的日本就走著完全相反的路子，因而中國在軍事上的競賽就必然落在日本之後。這是所要談的第一個問題。

現在來講第二個問題：統治階級內部的分化。

太平天國末年，北京清朝統治集團中由葉赫那拉氏（西太后）掌握政權，以恭親王奕訢為首的洋務派，和清廷中的頑固派對立着。一八六五年太平天國運動結束後，西太后對恭親王一度

加以打擊，但是，大致上說，在一八六一──一八八四年這個時期內，主要還是恭親王的勢力，他在外是與李鴻章合作的。

在這個時期內，封建官僚分化成若干派系，最先（同治末年）是沈桂芬（吳江人）、李鴻藻（高陽人）兩派，形成了南北官僚集團的對抗。李鴻藻是頑固派，和李鴻章也是敵對的。後來一些新進人物，如張之洞、張佩綸、鄧承修、陳寶琛、邊寶泉等擁李鴻藻為首領，這樣產生了所謂「清流派」，清流派和洋務派對立。洋務派的首領李鴻章在外，恭親王在內，主張對侵略者妥協投降。沈桂芬和洋務派看法又是一致的，例如一八八〇年對於西北問題，他和李鴻章聯合反對左宗棠。沈桂芬死後李鴻藻和清流派得勢，同時恭親王離開總署。中法戰爭中李鴻藻系的清流派受到打擊。不久翁同龢派興起，即所謂第二次清流派，繼續和洋務派對抗。但第二次清流派主要是南方人（張謇、文廷式等），和李鴻藻的北派又鬧對立；同時翁同龢還是光緒帝師傅，就成為帝黨領袖，和后黨（李鴻章、張之洞等）又對立。

結果這些派別間的矛盾和分裂現象，集中表現在帝后之爭上。帝后之爭的重要性也就在此，因為他們的鬥爭，不僅是光緒帝和西太后兩人之間的鬥爭，更是反映了清廷統治集團中各個派別間的矛盾。中日戰爭前統治集團中的明爭暗鬥，是封建

政權日趨買辦化必然發生的現象。這樣的政府當然不可能真正地領導反侵略的戰爭，而結果必趨於妥協投降。

現在來講中日戰爭的過程

我們先談一談日本和英美資本主義勾結侵略朝鮮及李鴻章、袁世凱的態度和活動。

從十九世紀七十年代起，世界資本主義發展得十分迅速，從自由資本主義逐步轉化到帝國主義。所以甲午戰爭之前的這個時期，也就是帝國主義的前夕。帝國主義的特徵主要的就是輸出資本，銀行資本和工業資本逐漸結合，工廠企業也逐漸集中，向獨佔和壟斷發展。侵略性加強，就要求霸佔殖民地。一八七五年日本開始向朝鮮侵略，二十年的時間，朝鮮就成了日本的商品市場。但這不能滿足日本的侵略要求。另外，從十九世紀八十年代開始，英、美、德等國勢力也都向朝鮮發展，朝鮮同時也就成了他們的市場。

關於朝鮮的交涉事宜，在中國主要是由北洋大臣李鴻章來處理的。當時的清朝統治階層和軍閥，當然不可能和朝鮮的統治者共同來防禦外國資本主義的侵入。特別是袁世凱，他甚至想利用朝鮮問題來擴張自己的勢力，提高自己的地位，顯然他

也不可能給朝鮮任何幫助。事實上正相反，這些買辦軍閥都在另搞一套，實際上是在為英、美等資本主義的侵略事業服務，像李鴻章辦的招商局就常常替英、美等國往朝鮮運輸商品。

這個時期，國際間的矛盾發展得非常尖銳，東方已成為帝國主義爭奪中的焦點，朝鮮問題也就愈來愈複雜。主要的是日本的勢力，但是其他國家也都想把自己的勢力伸張進去。如英國和沙俄的競爭，美國則是想利用日本開路進入朝鮮，德國和法國也都想找機會進去。就在此時，李鴻章提出「以夷制夷」的政策，實際上他並不是想利用侵略勢力之間的矛盾來保護朝鮮，而是全面妥協，這也是英國所慫恿的政策。

從一八八五年到甲午戰爭以前，代表李鴻章在朝鮮的就是袁世凱。袁世凱也是一個大野心家，他奉行李鴻章的政策，同時摻雜了很多自己的打算。一八八五年李鴻章和日本簽訂了《天津條約》（對日妥協）以後，袁世凱就在朝鮮推行自己的一套辦法，在軍事上、經濟上各方面來擴張自己的勢力。朝鮮的情況就愈來愈壞，在這個時期日本早就要想吞併朝鮮，但是根據伊藤博文的看法認為日本的力量還不夠，需要再過一個時期。他認為要打敗北洋軍閥是比較容易，但是要想獨佔朝鮮，力量卻不夠，並且，打就要把北洋軍閥徹底消滅。所以在此以後十年內，日本就加緊準備，擴充海陸軍，特別是一八九〇年

以後準備更加緊張了，而與此同時北洋海軍則完全停頓。袁世凱不斷發出狂妄的議論，說要變朝鮮為中國的郡縣。

李鴻章通過英人赫德把持的中國海關系統，派了許多外國顧問到朝鮮，這些洋顧問到了朝鮮以後卻都在行動上破壞朝鮮和中國的關係，而企圖影響朝鮮的統治集團，使其傾向於英、日和美國的侵略勢力。赫德還意圖將朝鮮的海關行政隸屬於中國（實際上仍由英國人把持）。

近代以來朝鮮的情況非常複雜，由於外國資本主義的侵略，加上國內的封建壓迫，朝鮮人民非常痛苦，就爆發了東學黨起義。這是人民自發的的革命鬥爭，但是沒有成功。東學黨起義的時候，朝鮮統治者曾經請清政府出兵鎮壓，清軍到達朝鮮時，東學黨事實上已經失敗了。但日本利用機會出兵侵略朝鮮，於是中日戰爭發生了。

在東學黨起義的時候，中國本來是不願意出兵的，李鴻章的態度一直是不願意打。而日本卻一直在按兵待發，同時也希望李鴻章出兵，因為這是自己出兵的一個藉口（《天津條約》中規定中日可同時出兵）。在出兵以前在朝鮮的日本公使曾經鼓勵袁世凱說：「你們可以出兵，我們不出」，並且問袁世凱中國為什麼不出兵。袁世凱就把這些話報告了李鴻章，李鴻章這才派了葉志超、聶士成等帶兵二千餘人至牙山。日本得到這

消息後，馬上大舉出兵，一方面和李鴻章交涉。這時，李鴻章既不敢增兵，也不能撤兵，就一味地希望別國出面干涉。他主要依靠沙俄前任公使喀西尼，喀西尼開始很有把握地保證一定打不起來，日本只要一用壓力就不敢打了。但是，沙俄駐日本的公使不同意喀西尼的看法，他認為俄國不必管這件事。事實上，這時候的日本也並不是幾句空話就嚇得倒的。最後喀西尼就告訴李鴻章沙俄不管了。在這過程中，李鴻章一味觀望，而日本卻不斷地加緊準備戰爭，陸軍沒有準備好，海軍就先出發以海軍陸戰隊進入漢城，這樣在戰爭的開始，中國在軍事上就落了後。戰爭開始以後才想增援，但是已經來不及了。

一八九四年七月二十五日，日本不宣而戰，擊沉了牙山附近海面的中國輸送援兵的商船「高升號」，這是戰爭的開始。當時李鴻章以高價雇了英國商船，渡兵入朝，並有兩艘兵艦護送，但日本先發制人，仍然將他們擊沉，保護的兵艦也跑了。

二十七日，日本進攻牙山葉志超、聶士成的軍隊。聶士成還抵抗了一陣，但由於兵少失敗了；葉志超卻不戰而退，棄漢城直退平壤，並繞路而行，一個多月繞到平壤。

八月一日，中日兩方才正式宣戰，但這還是北京政府的決定，李鴻章就在這個時候也仍然企圖他國出面干涉而不願意打，主張日本、中國和沙俄共管朝鮮；而日本卻在繼續不斷

增兵朝鮮。李鴻章的援兵出發得很慢，並且只有一萬人左右，由衞汝貴、馬玉昆帶領一部分由大東溝入朝，另有左寶貴、豐紳阿由東北帶兵渡江入朝，陸續至平壤會齊。援兵中大部是淮軍，戰鬥力很差，紀律很壞。只有左寶貴的部隊戰鬥力還強，紀律也好。援兵入朝時，朝鮮人民表示熱烈的歡迎，但是軍閥的兵士（除了左寶貴的以外）卻嚴重地騷擾了朝鮮人民。

援兵至平壤，由葉志超任總指揮，但將領之間並不團結，葉志超也一心不想作戰。九月十四日，日兵至平壤，葉志超就想逃跑，但左寶貴不讓他逃跑，並親自帶兵死守北城玄武門山頂。戰鬥至十五日，左寶貴戰死。左死後日軍尚不敢入城，但就在這時葉志超卻帶着其他將領逃跑了！平壤城中兵餉很多，可以說是北洋的主力，就這樣輕易地放棄了。

正在這時，李鴻章十年來所準備的海軍也被殲滅了。海戰是從十七日開始打的，當時海軍由丁汝昌、漢納根帶領。因運兵去援救平壤，在黃海大東溝即遇日船。北洋海軍的行動，早就由美國供給了日本情報，所以日本預知了北洋海軍的行動。同時北洋海軍的訓練和準備都非常不夠，但也不是完全不能打。當時海軍的一般將士，特別是低級的將士作戰的意志仍很高。中日雙方接觸後，丁汝昌不會指揮，漢納根出身陸軍，海戰毫無經驗，匆匆忙忙就佈了陣，因為傳錯了命令臨時又改，

陣勢大亂，倉促應戰就被日本鑽了空子，結果中國損失很大。在戰爭中鄧士昌、林永升等將領都英勇地犧牲了。

　　這次戰爭以後，李鴻章就不准海軍再參加戰爭，因為他認為北洋海軍是他自己的政治資本，主張將船隊留在威海衛不出動，說這是「猛虎在山」的形勢。其結果，就使海面完全由日本控制，而北洋海軍最後也被日艦隊包圍全部殲滅。

　　平壤一戰和大東溝海戰敗北後，李鴻章決定求和。這時美國已經取得日本的諒解來操縱中日談判，藉以顯示自身重要性而提高自己的地位。由於美國居中通消息，清廷即派李鴻章顧問德璀琳去日本探聽條件，日本告訴他可以和，但是要派重要的人來。此時又有九連城的潰敗，日本武裝已深入到中國的邊境，並逐漸逼迫中國東北，又另調一支軍隊至旅順後邊登陸，很快地在十一月，旅大就相繼失守。這就是李鴻章十餘年來花費了很大本錢所經營的東西！旅大陷落後，日本強盜在城內開始殘酷地大屠殺。

　　清廷派張蔭桓、邵友濂出使日本議和，但此時日本並不願意講和，因為他們看得很清楚，威海衛的艦隊已成為他們囊中物，並且日本軍人還想侵佔東北。這些隨手可得的東西他們當然不願意放棄。同時也嫌張蔭桓等官職太小不能決定大事，就在廣島拒絕了他們——這就是所謂「廣島拒使」事件。

在張蔭桓等去日本時，清政府曾請了一個美國人科士達作顧問。科士達從美國來日本，行前，美國資本家都囑咐他在中國代表他們尋取利益。科到日本後，日本外交部也有一美國顧問叫端迪臣，這兩人時常接觸，什麼問題都互相談。日本指定要李鴻章、恭親王二人之一來，才能談判。

日本接着便加緊戰爭，進攻威海衞，丁汝昌奉李鴻章命令保護船隻，日本陸軍抄後路入威海衞，就使北洋海軍進退無路陷入包圍。有很多將士要求衝出去，但是丁汝昌不答應。有一部分將士則要求投降，船上的洋顧問也多主張投降，然而丁汝昌也不同意。最後丁汝昌被迫自殺，北洋海軍就在這些洋顧問的操縱下全部投降。海軍將士中有着很多的英勇事蹟，堅決抵抗而死的也不少。但是由於高級將領的投降主義和他們的派別之爭，終於全部覆滅了。

李鴻章這時的海陸軍全線潰敗了。清流派首領翁同龢等人要置他於死地，而慈禧太后卻保護着李鴻章，李鴻章則保護淮系的幾個將領。西太后就給了李鴻章一個任務，讓他負責結束戰爭——就是投降。

但是另一面，中國除了淮軍還有湘軍，翁同龢也希望湘軍出來代替淮軍。親近湘系的官僚吳大澂，就自告奮勇帶兵由湖南出來，清廷調兩江總督劉坤一北上統帥山海關內外軍隊。這

時各地部隊調來很多，大約有六萬多人，但是一般地說都不能打仗，沒有訓練，也缺乏武器。軍隊中也參差不齊，有老頭也有小孩。其中僅有宋慶的「毅軍」比較能打。接觸戰鬥後在牛莊、田莊台二戰中也都失敗，求和派於是又抬頭。清廷就決定派李鴻章去馬關議和。李鴻章於出行前，要求至北京見帝、后，取得割讓土地的全權以後，才出使日本。隨行者有美國顧問科士達和留美學生伍廷芳等。

　　李到馬關後，中日雙方開始談判。交涉的經過，在陸奧宗光的回憶錄中記載得很清楚。日本先不肯把條約的全部說出來，要李鴻章答應一條再說一條，日本說他全部都說出來各國就知道了，對日方不利。同時李鴻章提出停戰，對方也不同意。直到後來發生了意外：李鴻章被日本浪人行刺受傷。侵略者和投降派都說，日本因李鴻章受傷心中非常不安而即予以優待，日本的皇后還親自給他做慰問品，日本已將全部條約告訴了李鴻章，並且無條件地停戰。事實上並不如此，日本同意停戰，然而期限很緊，要李鴻章在很短時間內答覆，否則即派兵進攻北京。日本實際並無讓步。另外，日本公開全部條約也是經過考慮的，認為其中許多條件，如在中國內地建工廠等對其他資本主義國家都是有利的，所以就不怕其他國家的干涉了。四月十七日，《馬關條約》正式簽定。

這時，清政府才知道要割這麼大一塊土地，並且要賠這樣多的錢。全國人民情緒異常激昂，一部分官僚也主張抵抗，不肯接受條約。但是美英資本主義國家都出來說話，要清政府不再抵抗，清政府也就屈服。

《馬關條約》的簽定，是從《南京條約》以來劃時代的賣國條約。從這以後，開始了帝國主義侵略的新階段。

中日之戰是帶有帝國主義性質的侵略戰爭，雖然這時日本本身還沒有發展成帝國主義，但這個戰爭發生的條件和時期決定了它是這樣的戰爭，因為這個戰爭是帝國主義所同意、所支持的，其結果也是對帝國主義有利的。像內地可以由他們來開設工廠等等，就更進一步地向中國侵入，甚至劃分勢力範圍準備瓜分中國。

最後談一談台灣的抗戰。面臨着民族空前的危機，在中法戰爭時中國人民覺悟已經有所提高，中日戰爭以後反抗得就更厲害了，各地的反抗運動更蓬勃發展。

割讓台灣引起了台灣人民的反抗，這可以分為兩方面來談：一方面在台北是台灣的士紳要求反抗，他們擁護台灣巡撫唐景崧為獨立民主國的總統。但是唐景崧並不積極反抗，他的起義是被迫的，因此沒有做幾天總統，一看情況不對就逃回內地去了，台北不久也就失陷。

另一方面由劉永福領導在台南的抵抗，這是真正的抵抗，

也是代表了台灣人民意志的抵抗。當時台灣的精華都在台北，台南的經濟情況很差。台北淪陷以後，台南條件就更不好了，當地買辦商人不願出力出糧，只想往內地跑。因此，台南的戰爭非常艱苦，而劉永福就在這樣的情況下堅持抗戰，獲得了內地人民的無限同情，也給了大家很大鼓舞。所以當時就流傳了很多關於這位劉大將軍的通俗讀物，如《台戰實紀》就是在內地編的宣傳品（這不是事後寫的演義，而是當時憑想像寫成的戰報），當時事實上不可能得到很真實的消息，就依賴人民的想像來搞，在宣傳上起了很大的作用。

人民是這樣的情況，但再來看一看當時的統治階級是抱着什麼態度。投降派不用說當然反對，並且禁止人民援助。就連曾經同情他們的張之洞也沒有給他們什麼具體的援助，只是口頭上鼓勵他「勝則為鄭成功，敗則為田橫」。因此劉永福的處境非常困難，彈盡糧絕，無所支持，最終只能逃回內地。

中日戰爭以台灣人民抵抗的失敗而結束。中國近代史進入了一個新的時期：帝國主義侵略開始，中國人民的災難加深了。統治階級的對外抵抗，成為不可能的事實，人民接受中法戰爭、中日戰爭的兩次教訓，而準備在救亡的目標下，奮起禦侮了。

（一九五四年六月在中國文聯舉辦的中國近代史講座的講稿）

十九世紀帝國主義者對在華天主教保護權的爭奪

　　鴉片戰爭以後到十九世紀末年，西歐各國對遠東天主教保護權的爭奪，說明了天主教一直是被它們利用作為侵略工具之一。

　　讓歐洲一個強國去擔任保護遠東教會的辦法，是教皇尼古拉五世創其端，而亞歷山大六世定其例的。尼古拉五世在 1454 年開始以這項特權的一部分交給葡萄牙，後任的教皇疊次頒發教諭，給它以更多的權力。到了亞歷山大六世承認葡萄牙是在遠東新發現的地區享有天主教會保護權的唯一國家。遠東各主教要由葡萄牙提名，派任的時候要它認可，各主教的傳教區域要它規定，中間有一度甚至把各主教的人選限於葡籍教士，如此好幾百年。後來葡萄牙國勢日衰，教皇對它不再倚重，教廷需要另找政治靠山。葡萄牙的保護權於是逐漸減弱，到 1838 年 4 月，教皇格列高利十六世就以葡萄牙不能履行保護者的義務為理由，頒佈教諭，取消它的保護權。葡萄牙拒不

受命，法國卻一心一意來謀取這個保護者的位置了。

　　法國之成為在華天主教會保護者，當時還沒有取得清政府的承認。1844 年它已經以天主教問題作為侵略中國的藉口，但是剌萼尼的艦隊只得到五口准許設立「禮拜堂」的權利。1846 年 2 月 8 日清政府的「上諭」，准許了國內天主教「免禁」，和各省舊建的天主堂由地方查明發還本處奉教的人，但並沒有請法蘭西來保護他們。1858 年《中法天津條約》第十三條規定，「凡奉教之人皆全獲保佑身家……凡……入內地傳教之人，地方官務必厚待保護」，所謂「奉教之人」「傳教之人」當然包括了一切各國籍的教徒和教士，一般的看法，都認為從此法國取得在華天主教的保護權。就結果而言，這是合於事實的，拿政治的力量來推行天主教，同時用天主教為它的侵略工具，這樣一個國家，確是教廷所需要者，而就這意義說來，法國當時在世界上就和現在美國在世界上一樣，確是一個獨一無二合乎教廷標準的國家。但就法律而言，這個說法是不對的，因為《天津條約》並沒有承認它是保護者，1865 年《中比通商條約》第十五條和《中法天津條約》第十三條完全相同，為什麼比利時就不算取得到了在華天主教的保護權呢？

　　所以實際上，法國之取得保護權與否，完全決定於教廷的態度。教廷是最講現實政治的，中法《黃埔條約》訂立之後，

它已開始倒向法國。1846 年 4 月，教廷就命令在西灣子傳教的法國教士孟振生（Joseph-Martial Mouly）去接管葡萄牙派任的趙主教（Castro）所管的北京主教區。次年 3 月這位葡萄牙主教的答覆，表示他效忠葡萄牙國王，不能讓教皇隨便取消國王的權利。他說：

> 不管教廷要如何對付葡萄牙國王的權利，這都不會影響到葡萄牙政府，因為葡萄牙要的是完全照舊，或是一無所有。簡單說，我不管這些問題。照聖經上說，我要把應該歸凱撒的歸給凱撒，應該歸上帝的歸給上帝。……我生為葡人，死為葡鬼，就是這一句話。

這充分說明天主教保護權的政治意義，沒有疑問它是「屬於凱撒的」。趙主教的話使甘為法國工具的教皇想不出什麼話來答覆他；他也很坦白，承認一個主教的位置和國家的權利很有關係。但是最後還是孟振生勝利，他搶到了北京主教區，這說明了宗教保護權的享有，完全視權力為轉移。一直到 1857 年葡萄牙才正式放棄了「澳門以外的宗教保護權」，次年《天津條約》才訂立，然而法國與教廷早有默契了。即以孟振生

奉教廷命令在內地從事祕密傳教活動一事而說，教廷是目中沒有中國法紀的，它的舉動是破壞《五口通商章程》的。結果1855年初孟振生被中國地方官發現了，就照條約規定的辦法，把他押送到上海交給法國領事，教廷似乎沒有什麼表示。

　　法國之取得天主教會保護權，要從幾方面來看。第一，法國政府的目的，「不是由於對宗教的熱誠，而是由於對體面和權力的慾望」，那就是說，它的目的不是宗教的而是政治的。因此它並不爭對各主教人選提名的權利（這是葡萄牙原有的權利），而注意實際操縱天主教士的一切活動。第二，教廷是始終做強國的附庸的，它在十九世紀四十年代，已經在勾結法國，天津條約訂立之後，教廷就完全用法國護照派遣外國教士到中國，外國天主教士對中國官廳有所交涉也完全由法國領使館辦理。很明顯的法國之取得保護權，實際上並不是根據國際條約而是根據教皇的承認。第三，外國天主教士在十九世紀五十年代初，就力求法國保護。1851年寧波會議結果聯名呈法國外交部請求保護，再由孟振生寫信給部長請他從法國政府多注意傳教事業；同年上海會議，各主教聯名呈請教皇把保護權交給法國，信已擬好，但是沒有發出。法國教士公開宣傳傳教事業對法國將來侵略中國的重要。所以從法國說，從教廷說，從教士說，沒有一方面認為天主教和政治不發生密切關係的。

　　普法戰爭後，法蘭西第三共和國成立，共和黨對保皇黨天主教士是敵視的，但是對國外天主教保護權卻十分重視，教廷也照舊把法國看作保護者。法國和教廷仍然互相利用。對德意志帝國和統一後的意大利，教廷是冷淡的，雖然在十九世紀七十年代德意兩國也都注意到天主教的保護權問題。1876 年澳門主教請駐廣州法領事給葡教士護照赴海南島；西班牙在福建的教士也用法國護照。中法戰爭期間意大利想乘機取得意國教士的保護權，結果也沒有成功。這都是教廷支持法國保護權的成績。1885—1886 年李鴻章和教廷磋商互派使節，教皇已經答應而且定了人選，當時教皇對法國很不滿，然而這一次還是為了法國的反對而依然收回成命。在這種情形之下，在華的天主教士都覺得他們自己不過是在法國政策下幫忙打雜的。

　　教廷如此仰人鼻息，不惜公開的做法國的侵略工具，這和中國人民的反帝運動也是有必然的關係的。從《天津條約》到1870 年，各地發生「教案」，中國人民紛紛起來揭露列強利用的教會和外國教士的不法行為，清政府也不得不注意這個嚴重的問題。所以 1870 年 2 月 9 日，總理衙門請駐華英使阿禮國帶了一個文件遞給英國政府，由英國轉給各國。節略主要的意思，就是要取消外國的在華天主教保護權。它建議：

妥定章程⋯⋯使傳教士如中國僧綱道紀等司，
均歸地方官管轄。⋯⋯傳教士既欲久居中國，⋯⋯
不欲中國人民歧視，自當與中國人民各習各教⋯⋯
同歸地方官管轄。

這就是說，中國不允許外國對在華教會有所謂保護權。次
年中國又給各國《傳教節略》和《傳教章程》請它們「議辦」，
結果都被拒絕。法國的態度最蠻橫無理。狐假虎威的教廷，對
上述幾個文件中所提到的中國人民對教士許多罪行的控訴，完
全裝聾作啞。

但是別的國家對此能夠甘心嗎？上文已經提到中法戰爭期
間意大利外交的失敗，但新興的德國是更積極的，而且它和教
廷的關係較好。從 1878 年教皇利奧十三世就位以後，德國就
向它表示好感，它是新教國家，教皇不能公開許它保護權，但
也不像對意大利一樣（教皇和當時意大利政府是敵對的）去阻
撓它。1882 年德國駐法的公使就向法國提出要求，要保護德
國在中國的教士。1886 年駐華德使巴蘭德（Von Brandt）為
了鐵路問題的交涉到天津，見李鴻章又提出這個問題。兩次都
沒有結果。

1888 年夏天，德意兩國同時向中國磋商要保護他們本國

的天主教會，總理衙門不敢反對，到了 11 月初兩國就分別通知法國它們和中國已經取得協議了。協議的內容，據德意兩國說是這樣：（一）中國承認兩國簽發它們本國教士的護照，他們可以享受最惠國的權利和待遇；（二）對法國所發給德意兩個教士的護照，中國拒絕簽證。總理衙門告訴法使李梅（Lemaire）卻說中國承認德意給它們本國教士的護照簽證，但對法國所給所有各國教士的護照簽證，中國也都承認。這個折衷辦法，和德意對法國說的顯然衝突。法國並不重視中國方面，它促使教皇設法破壞這項協議。在教皇的影響之下，意大利教士就拒絕接本國護照，仍舊找法國簽證了。

　　但是，德國不是教廷所敢招惹的，儘管它是新教國家，教廷也不得不敷衍它。德國首先利用在山東南部佈教的安治泰（Anzer）向教廷提出，跟着公使巴蘭德（他也是天主教徒）就有極強硬的表示。法國先提出反對，後來巴黎的外交部被迫讓步了。教廷處理的辦法，是讓安治泰代表德籍教士自己挑選要德國還是要法國保護。安治泰是屬於德國人在荷蘭成立的「史泰勒教會」（Steyl Miss on）的，據他說他本來不願接受新教國家的保護，但是他怕德國政府對他的教會有所不利，這完全是騙人的話。誰不知道德法教會保護權的爭奪，實際上就是德國侵佔山東的先聲，德國教士，早已替德國服務，雖然拿着法

國簽證的護照。1890 年安治泰就回柏林和德國政府接觸。德國皇室和政府對他隆重的招待很可驚人。他跟着就向教廷表示意見，次年 1 月教皇就答應德國的保護權了。從此聲勢赫赫的安治泰是如何對待中國呢？「對中國的總理衙門，他用的是盛氣凌人的口吻；對地方官吏，他是上峰一般地走進走出他們的衙門，把他所不喜歡的官吏報告上級官吏以至北京政府」。德皇的代表，山東的太上皇，壓迫人民的惡霸，造成膠澳事件的罪魁，就是他。

從此以後，法國的天主教保護權，就日漸削減。然而法國並沒有死心。十九世紀末年中國人民反帝運動到處高漲，法國就以保護者的資格壓迫清廷在 1898 年一連下好幾個特別保護教徒的命令。清政府覺得太麻煩了，就在次年 3 月 16 日發佈「上諭」准許天主教士直接向各地官吏平等交涉，這原意是藉以減少列強利用保護權所起的糾紛，結果卻長了教士們的威風，他們就自居和地方官吏平等，或竟自居為官吏（實際上他們早已如此）因而自認對教徒們有某種程度的民事管理權，法國保護權倒沒有受什麼影響。

法國對中國天主教保護權的終止，是由於 1905 年法國和梵蒂岡絕交。1906 年 1 月法公使通知中國此後法國只保護本國的教徒。1908 年清政府也收回了 1899 年 3 月 16 日的「上

論」。此後各國都單獨保護他們自己的教士，列強公開爭奪天主教保護權的問題已經過去，但是利用天主教進行侵略的行為並沒有終止，教廷所找的靠山，一個比一個更兇惡，安治泰一流卻披上所謂「超政治」的外衣欺騙人民，實在可惡。

（原載《光明日報》1951 年 7 月 10 日）

辛亥革命前五十年間外國侵略者和中國買辦化軍閥、官僚勢力的關係

　　外國資本主義、帝國主義在其侵略中國的過程中，不斷地尋找代理人，作為執行它的意志的工具。

　　當然，外國侵略者最注意控制封建勢力的中樞政權。清政府經過兩次鴉片戰爭後開始接受外國資本主義半殖民地的統治秩序而逐漸買辦化，經過甲午戰爭和鎮壓義和團運動而和帝國主義進一步結合。到了辛亥革命前夕，就墮落到完全接受了以美國為首的國際財團的共管。五十年中逐漸買辦化的清封建政權，是列強統治中國的主要工具。

　　但是，列強決不以控制北京政權為滿足。由於清政權本身就不能有效地統治中國各地區，由於列強彼此間矛盾的發展，由於他們在中國各地區侵略利益的大小不同和力量的強弱不同，由於新興軍閥官僚各派別間相互的爭奪和地方勢力對於清中樞政權的衝突，更重要的，由於廣大中國人民的不斷反抗

鬥爭，外國資本主義、帝國主義就分別地在中國各主要地區尋找和它本身侵略利益結合的代理人，以求達到進一步侵略的目的。

一

首先，從十九世紀六十年代開始，外國資本主義就和曾國藩、左宗棠、李鴻章等所代表的封建地主實力派，在共同鎮壓中國人民的基礎上相結合。但是發展的結果，很不一致。英國侵略勢力最大，也就最有力地控制着湘淮兩系。淮系買辦化比湘系深，力量也就迅速發展，超過湘系。而先後關聯法德的左宗棠一系，由於十九世紀六七十年代法、德資本主義在華基礎較弱，左系又在一個較長的時期僻處西北，所以買辦化的程度不及淮系。

由於英國資本主義首先支配了華南和長江下游，並在這些地區扶植着大批依附於英國利益的買辦商人（在初期可注意的事實是大批廣東的買辦跟隨英國勢力而進到上海），英國侵略勢力就能夠通過這些買辦和湘淮封建軍閥結合而使之逐漸買辦化。淮系買辦化程度的超過湘系，這決不是單純地由於戈登等「洋將」的影響，而更基本的是由於英國資本主義通過上海

方面包圍李鴻章的買辦勢力所起的作用。上海買辦商人曾於十九世紀五十年代企圖通過清地方官吏使自己成為中外勢力的橋樑，但是沒有成功。新興軍閥李鴻章的來到上海，使他們得到一個有力的發言人，上海買辦也就被網羅在李鴻章的勢力之下。這是淮系發展為強大的力量的要素，也就是英國資本主義和淮系結合的基礎。

淮系初期的勢力，以江南為根據地。李鴻章在這裏開始了他早期的「洋務」事業，蘇州炮局（英人馬格里主辦）和上海鐵廠（丁日昌主持）是淮系初期有限的但是重要的本錢。所以一八六五年李鴻章被調到河南去打捻軍，就向清政府聲明炮局和鐵廠是淮軍的「命脈關係，誠不敢輕以付託」，也就是說不能拱手讓人。後來蘇州炮局移南京成為金陵機器局，上海鐵廠發展為江南製造總局。一八七〇年李鴻章督北洋，南京的馬格里仍然接受天津方面的命令，江南製造總局有事，一直由南、北洋會商會奏，成為定例。所以淮系雖然北移，在江南的軍需工業中依然保持着很大的利益。

自從李鴻章離開江蘇之後，江南成為湘系的地盤。英國勢力控制着湘系，單從曾國藩父子和馬格里的關係上也可看出湘系親英的程度。英國資本主義既然把湘系控制住了，從此數十年中，金陵機器局和江南製造總局，一直是英國軍火廠的

附庸。十九世紀八十年代出使英國的曾紀澤，也就成為英國軍火業的發言人。所以直到一九○五年，北洋系周馥派德國工程師巴斯（Basse）代替英國人柯尼斯（Cornish）管理江南船廠船塢，英帝國主義的報紙就大聲疾呼「德國勢力進入江南船塢」，「克鹿卜（Krupp，即克虜伯，德軍火廠）代皆了阿姆士脫郎（Armstrong，英軍火廠）」。就江南一區說，英國勢力從軍需工業上控制了湘系，並間接影響着北方的淮系軍閥，已可概見。

　　淮系到北方後一面興辦北洋的海陸軍，一面接連籌辦輪船、電報、煤礦、紡織等企業。以發展其遠遠超過他系的軍事、經濟力量。李鴻章的「自強」「求富」和後來袁世凱的「籌餉練兵」是北洋軍閥一脈相承的要訣，也都是帝國主義所需要的。從十九世紀七十年代開始，淮系加速地買辦化，由於李鴻章系大買辦官僚盛宣懷的包攬招徠，太古、怡和的買辦例如唐廷樞、徐潤以至於後來轉化為改良派的鄭觀應等人，就成為李鴻章的「洋務人材」。

　　上述的淮系企業，都直接間接和長江下游有關（煤以濟輪，輪行駛沿海和長江，電報中心在上海，織布局本身就設在上海），因此淮系的經濟利益並不限於北方一隅，而兼以長江流域為重要的根據地，也都和英國資本主義以及從十九世紀

八十年代起迅速增長的美國資本主義勢力相結合。盛宣懷本人在南方有更大的利益，在這地區他不但是淮系的全權經紀人，也就成為代表英、美資本主義利益的大買辦。

由於十九世紀七十年代以後，德國資本主義在中國勢力的擴張，在北方，北洋海陸軍的發展，不久就捲入英德的競爭的漩渦中，而使李鴻章和英國關係逐漸疏遠。在十九世紀七八十年代之交，德國軍火業資本家對英國作了劇烈的競爭。美國正在支持日本侵略中國沿海和朝鮮，也一度想插足於北洋海陸軍（一八八〇年美使館介紹格蘭忒的一個親戚代練北洋海軍，但沒有成功就轉而支持英國）。英國的反響如下：一八八〇年赫德勸李鴻章完全以英人擔任新辦的海陸軍的教官。英使威妥瑪對英外交部說，中國「軍事改革」的進行，只能交給一個外國，「但假如這個外國不是我們，那我們的利益就要受到極大的損害」。

英國打算把持中國海陸軍，不使落入他人之手，同時要箝制它不讓真正發展，保持着只可以鎮壓中國人民而不能抵禦外侮的程度。所以戈登在這時候（一八八〇年）告訴香港英國當局說：「有強大武力的中國，就不會聽命於外國，怕要禁止鴉片貿易了。」前此英國人替李鴻章辦理軍需工業直同兒戲。一八七五年兩門新製大炮在大沽一試而炸，李鴻章為此和馬格

里決裂。英和李既有摩擦，關係逐漸疏遠。於是德國資本家就通過李鴻章親信的德國顧問德璀琳，而發生巨大的影響。

德國漸佔上風，英國就用湘以敵淮，更造成李鴻章對英的不滿。英、德在北京方面，也展開了競爭。結果北洋船艦多購自英國，曾紀澤替阿姆士脫郎盡了很大的力量。海防大炮就大部購自克鹿卜。海軍教習先用英人琅威理，中法戰爭起就改用德人式百齡（Sebelin）。中法戰爭後在北京海軍衙門成立，由奕譞主管，李鴻章會辦，曾紀澤幫辦。

英德爭奪愈烈，清政府決定由兩國平分。李鴻章仍向德；曾紀澤致馬格里的私信中竟說希望「德製兵船從此絕跡」。阿姆士脫郎的資本家就慫恿英國海軍當局派琅威理於一八八七年重來中國任北洋海軍總教習，達四年多之久。他只知敷衍丁汝昌，並不實心教練。他去職後英、德教官並用，但從一八八〇年起修造北洋船塢炮台的德將漢納根顯然最有勢力。他在一八九〇年以和李意見不合離開，但到甲午之戰又回來了。他還勾結了頑固派首領李鴻藻做奧援。至於北洋陸軍多用德國將弁，練着德國操。當時實際支配北洋海陸軍的是德璀琳，他自比為俾斯麥。英德之爭，湘淮之爭，充分地反映洋務派本身封建買辦的落後性。其結果就是中日戰爭中北洋海陸軍的全部潰敗。

中日戰爭揭穿了英美帝國主義假手日本以統治中國、奴役朝鮮的陰謀，也就說明了英國軍官琅威理明知北洋海軍的完全無用而故意極力吹噓的用意。在十九世紀八十年代以後，北洋和美國關係日多。美國在馬關「議和」中，一面由科士達任李鴻章顧向，一面由另一美國人端迪臣（Herry W.Denison）任日方顧問，操縱所謂「談判」，以提高自己在兩國間的地位。中日戰爭的結局，也暫時削弱了德國在北洋海陸軍中的勢力。

二

中日戰爭改變了遠東的形勢。由於帝國主義在中國進行勢力範圍的分裂剝削政策，十年之中，英俄矛盾尖說化，日本準備進攻沙俄，日、德、美帝國主義爭在長江樹起勢力，英國從孤立而走了聯合日、美以攻俄、制德的戰線，帝國主義列強就加緊控制其利益所在地區的軍閥官僚。

因此清廷內部也就呈現出明顯的新分野。李鴻章走上完全投靠沙俄的道路，成為俄法資本家的代理人；久據南京的湘系，在英、美、日的影響下反俄，同時也要考慮德國的利益。但湘系實力已弱，劉坤一不敢多作負責的主張。湖北方面，張之洞的勢力和盛宣懷買辦勢力結合，成為清政府的重要支柱，

因此武昌成為英、美、德、日爭奪長江利益的中心。

張之洞是淮系的對頭。他原屬於李鴻藻系的所謂「清流派」，先後得着頑固派大臣閻敬銘和醇王奕譞的支持，並直接受着西太后的信任。在中法戰爭中督兩廣，和湘楚勢力聯合，反對北洋，地位日益增高。不久就在廣東籌辦槍炮、紡織等廠，以分淮系洋務派的勢力。一八九〇年起移督湖廣，在奕譞的支持下，把這些廠都帶到湖北（淮系原想乘機把槍炮局移交北洋沒有成功）。他在湖廣進行開礦、煉鐵以為軍火原料的來源，同時籌辦一批紡織、繅絲等企業，以求建立經濟上的根據。在這時期，他顯然受着德國帝國主義很大的影響。他的洋務主要是靠德國的技術和資本辦起來的。大冶鐵礦，先由德國工程師勘測，購買機器鐵軌的資金三百萬兩借自德國，鐵礦、鐵廠、槍炮各局主要用德國技術人員（雖然也兼用英人）。這造成德國資本在湖北，特別在大冶鐵礦的勢力。

中日戰爭中，張之洞署兩江總督。一八九五年《馬關條約》簽訂後，建議「以德國將弁在江南急練陸軍萬人」，就是所謂「自強新軍」。他認為舊軍隊「錮習太深」，「惟有改以洋將帶之則諸弊悉除」。同時還在南京設立陸軍學堂，延請德國教習，學生「習德國語言文字」。這樣長江練兵的優先權無形中就交給德帝國主義，雖然張之洞也曾經拒絕了柏林對許景澄

提出的「軍事歸德將自主」的要求。

　　德國在長江勢力的高漲，使英國資本家感到威脅。鐵礦鐵廠既是張之洞勢力所繫，帝國主義就爭着從這裏下手以求控制他。他所擁有的經濟力量本不及淮系，所經營的企業，也表現着更多的封建落後的盲目性，一八九六年漢陽鐵廠由於虧耗過大無法維持，英、法、德就進行競爭合辦。張之洞沒有資本可以合作，同時又想吸收淮系買辦力量，結果就答應盛宣懷「兼辦鐵路」的條件，而將鐵廠交他承辦。帝國主義暫時落空，而張、盛合作開始了。盛宣懷利用張之洞的政治力量維持他在長江區域輪、電、礦、廠的經濟利益，自己在上海成立鐵路總公司，滬、鄂遙相呼應。他據有的巨大經濟力量，很自然地支持着張之洞的政治地位。於是張的勢力更大而更為帝國主義所矚目。

　　在中日戰爭之後，張之洞是主張聯俄親德反對英、日的。一八九七年底，德國侵佔膠州，引起全國的震動。一八九八年初，英、日乘機以「合保長江」名義，分頭向劉坤一、張之洞展開攻勢。英軍官向劉、張提出派船「保護吳淞至重慶」的要求。一八九八年日本陸軍方面派參謀大佐神尾光臣訪鄂，對張之洞宣傳「中日同文同種」「中日英應聯合」。於是張之洞向北京陳「藉聯倭以聯英」之策，並表示日可恃英不可恃的意

見。同時，神尾提出替中國練兵的主張，張之洞作原則上的同意，並向湘撫陳寶箴提議湘鄂「延倭教習先練一軍為各省倡」。到了秋間就做了初步決定，「湖北湖南各派學生赴日學習武備，日本教習來湖北教練」，但對於同時期英國領事連提十幾次以英將代練兵的要求，張之洞就堅決拒絕。

神尾去後，上海日總領事小田切就和張之洞繼續密切聯繫。張之洞擬派知府錢恂赴日磋商，使先入京請示。政變前幾天，光緒召見他且表示同意此舉。在政變發生的前後，日本伊藤和英國提督貝思福（Beresford）先後來華活動，政變後相繼到武昌。伊、張晤談主要為練兵，兼及大冶鐵砂售給八幡製鐵所事。貝思福係英相張伯倫派來遠東做廣泛的活動，名義是「英商會派遣」來華「調查商務」。他在上海、天津、威海衛各地調查之後，向北京提出英代練兵的計劃。他到南京見劉坤一，又到湖北見張之洞。他的陰謀就是在北京設「軍務處」，先在湖北練兵，然後逐步推行到全國。總署只答應他在鄂練兵兩千，英以所得過少，沒有實行。貝思福離華到日本商量，被日本勸阻。日、張之間的交涉，張以慈禧正不滿於日本和康梁的關係，不敢向北京具奏。他說「中東聯絡大局，全被康、梁攪壞，真可痛恨」，英、日雖然都沒有達到控制中國軍隊的目的，日本卻成功地控制着張之洞。

日、英既是一夥，日本的成功也就是英國的成功，此後張之洞就明白反俄而逐漸親英。到義和團運動期間，他和劉坤一、盛宣懷等就共同執行「東南互保」政策了。一九〇一年張竟主張「用英、日練我北路水陸之兵」以拒俄人，對一九〇二年的英日同盟表示歡迎。二十世紀初年，張之洞主張「以仿西法為主」的變法。他說「非變西法不能化中國仇視外國之見，……不能化各國仇視朝廷之見」，「變法則事事開通，各國商務必然日加暢旺」。

張之洞和英國關係日深，甚至受着漢口英領事的支配。但他對德國關係並沒有疏遠，從十九世紀末年德使穆默（Mumm）來華以後和他的關係可以看出。當時英、德矛盾還沒有表現得像日俄戰後的那樣激烈，同時德國資本還控制着武漢鐵礦和鐵廠。他對英德一般是兩面照顧，以利益均分為原則。甚至後來在他處理湖廣鐵路借款交涉（一九〇九年）時，他拒濮蘭德的英款而借柯達士的德款，仍是「擬徐圖轉圜，將來即以英、德合辦為兩全交誼之方」。

盛宣懷是帝國主義競爭的另一重要對象。他自一八九六年到上海後，就周旋於英、美、日、德之間，十幾年中他包辦洋債，賣盡路礦利權。他特別是奉行美國意旨的買辦。粵漢鐵路議借款（一八九八年）時，他說「欲防後患捨美莫屬」。一九

○四年議廢合同，他不但替合興公司說話，而且要用「以美繼美」的詭計。後來張之洞說「贖約議成，實為祖美黨意料所不及之事，坐失大利，唧恨刺骨」，所謂「祖美黨」就是指美國資本家通過盛宣懷收買的大批北京的和地方的官吏。

日本資本家很快地向大冶鐵礦下手。一九○三年，日本對德資本進行激烈的競爭。十一月十五日，大冶鐵礦借款合同簽訂，盛向日本興業銀行借三百萬日元，年息六厘，以三十年為期。日本每年至少收買礦砂六萬噸，每噸價僅三元（張之洞告日使每年至少須買七萬噸至十萬噸）。其後橫濱正金銀行和興業銀行就連續不斷地以貸款形式向大冶投資。日本財閥竟促小田切辭去外交職務，而參加橫濱正金銀行，利用他控制張、盛，並以樹立日本對大冶鐵礦的統治，排擠德國的勢力。

但是在日俄戰前，張、盛合作的全盛時期已經過去。袁世凱勢力在北方高漲，並已攫取江南的重要經濟利益。袁世凱曾以鎮壓義和團，站位「東南互保」，成為英、美、德帝國主義的寵信者。他繼有北洋的地位（一九○二年），不只由於李鴻章臨死前的推薦，而更重要的是由於德公使穆默的有力的表示，和「各國」的「眾口一詞」。同時，又由於穆默的示意清廷，他實際上兼轄了山東。

袁世凱極意聯絡北京的英、美公使。就任北洋後，就向英

使薩道義替榮祿說項，說他「並不祖俄」。實際上也就是替自己表白，因為他是以依附榮祿著名的。榮祿死（一九〇三年）後，他又依附奕劻掌握龐大的軍隊，操縱北京政治，黨羽爪牙遍佈北方各省。他就恃強奪取盛宣懷久久壟斷的招商局和電報局（一九〇三年），甚至陰謀把江南製造局移至河南。他開辦國家銀行以奪張、盛系通商銀行之利，藉以堵塞大冶煤礦的經濟來源。

在日俄戰爭前，袁世凱已成為帝國主義心目中的「強有力」者，英、美、德帝國主義對他報垂青。德國想利用他為其在中國勢力的支柱，英美正在策劃日本反俄的戰爭，需要袁世凱做他們的贊助者。美國也盼望不久袁世凱成為東北「門戶開放」政策的執行人。

三

從一九〇五到一九一一年，國內革命形勢高漲，帝國主義正在調整其力量，準備第一次世界大戰。國際壟斷資本的聯合組織在中國出現，進行大規模的掠奪。帝國主義對東北和長江的爭奪空前劇烈，美國成為侵略中國最主要的角色。

在北方，袁世凱繼續其和英、美、德帝國主義的關係，不

斷擴張自己的勢力。隨着侵略勢力的增長，袁世凱的地位更加提高。美國以袁世凱為工具染指東北。早在李鴻章時代，東北和山東已形成為北洋的左、右兩翼，袁世凱繼承了淮系的全部財產而加以整頓擴充，因此東北也是他所必爭之地。東三省改官制之後不久，袁系兩個重要人物徐世昌和唐紹儀分任督撫，袁世凱事實上控制了東北。於是一九○七──一九○八年的「新法鐵路」和東三省銀行的交涉開始了。

唐紹儀和司戴德的勾結，很明顯地是由於袁世凱和美國國務院的指使。特別是從一九○七年秋起袁任外務部尚書，沒有袁的同意唐不可能單獨進行這樣有關係的交涉。司戴德後來回國就代理遠東司長，可見國務院是完全許可他的做法的。一九○八年在德皇威廉二世的鼓勵下，袁世凱被利用去進行「中美德同盟」。他乘美國「退還庚款」的機會，奏遣唐紹儀為專使以「赴美致謝」為名進行勾結。美、德抱着不同的目標，處在不同的環境，不可能單憑德皇的狂想，通過美袁的勾結關係而締結同盟。唐紹儀的失敗本在意中。

羅脫、高平協議的成立，不是美國捨棄袁、唐，而是羅斯福陰謀鼓勵日本繼續侵略並和沙俄衝突，以圖從中取利，正如後來塔虎脫慫恿沙俄抵制日本一樣。美袁之間雖然沒有盟約，但美國早已得到袁世凱的賣身契了。接着袁世凱提議中美互換

大使，並在表面上因此而被免職，但是整個北洋系依然由他驅使去支持帝國主義的利益。

這幾年中，袁世凱也替英國賣了不少的氣力。在收回路權運動高漲之中，他不顧冀、魯、蘇三省人民的反對，和英德訂立津浦鐵路借款合同（一九○八年一月十三日）。接着他又在江、浙輿論沸騰之下，和與他有密切關係的英公使朱爾典訂立關於滬杭甬鐵路的合同（同年三月六日）。敢於悍然和人民為敵以維持帝國主義的利益，這是他在列強面前的一貫的表現，所以一九○九年初朱爾典為他的去職而痛恨。

在南方，張之洞於一九○七年和袁世凱同時內調，各地督撫權力削弱。帝國主義者尋找不到有力的新工具。一九○八年漢冶萍公司成立，盛宣懷向日本借款，日本要求一部分的管理權。但袁世凱要將公司收歸國有，議不成。日、盛恨袁刺骨。袁罷歸後，盛勢力漸起。日本乘機誘盛多借日款。在辛亥革命前夕盛在郵傳部尚書任內，居然接受數達一千八百萬日元貸款，準備以三分之一償還德國等借款。日本的三井終於控制了漢冶萍。在滿清的季年，日本的勢力通過盛宣懷而在北京增長起來。

終於引起革命爆發的湖廣借款，是盛宣懷在一九一一年堅決簽訂的。他因而受到中國人民共同唾棄，但帝國主義把他看

為至寶。英、美、日、德使館合派衛兵護送他到天津。德國公使邀他去青島，而日本就搶着把他送到大連再到神戶去。日、德仍視他是爭奪漢冶萍的主要工具。

辛亥革命爆發之時，列強的驚惶失措，不下於清政府。英國《藍皮書》所刊載英使向英外相接連不斷地報告各處起義的急電，都顯出十分張惶的口氣。帝國主義害怕在華利益受損，十年前替它維持秩序的李鴻章、劉坤一、張之洞、袁世凱四人中，現在只剩下袁世凱了，所以就主張立刻起用他。在武昌起義之後四日，朱爾典就以極快慰的口吻把袁世凱任湖廣總督的消息報告英外相。其後也就接連不斷地報告袁世凱的行止。

在滿清統治迅速崩潰之中，帝國主義者明白它是完全不值得再支持了，就決定用袁世凱截斷革命的路程。這個決定早在十一月十五日英外相覆朱爾典電中就說得非常明了了。

覆你十二日電。

我們對袁世凱已發生了極友好的感情和崇敬。我們願意看到一個足夠有力的政府可以不偏袒地處理對外關係，維持國內秩序以及革命後在華貿易的有利環境。這樣的政府將要得到我們所能給予的一切外交援助。

英公使根據這個訓令而操縱「南北議和」，其結果自然是不問可知了。

列強在其侵略中國的各時期中，不斷地從反動統治階級中尋找有實力的代理人，去執行它們的意志。他們彼此間的勾結，由於帝國主義矛盾關係的不斷變化而顯得錯綜複雜。上面的敘述，只是畫出一個很粗淺的輪廓，希望可以有助對於這個問題的討論。

第二編

變局下的救亡圖存

官督商辦：洋務派民用企業的性質和道路

「官督商辦」是洋務派舉辦企業最主要、最基本的形式，但在一八八五年前後，內容有所不同，前期特點在於以招徠商股為主要目標而輔以官款的借貸，甚至先撥官款開辦然後招商。官掌握大權而「委」「商」經營管理，並依靠官款維持官督商辦。後期特點在於當權派官僚直接控制經營，在有的企業中（如紡織業），官僚投資已經形成半獨立的私有企業，原有商股（老股）加速被魚肉吞併。洋債侵入排斥了新股招募（如招商局）。從各業總的發展情況看來，淮系洋務派所走的官僚資本主義道路是很明顯的。

另外，企業中「商股」的性質也有前後階段的不同。一八八五年以前的「商股」主要是由官方指定一些「商人」去招徠。這些經官「委」派的「商人」中間，有商人，有買辦，也有退職的官吏，但他們都以「商」的身份來「承辦」企業，

而受委之後又取得半官半商的身份，十九世紀七十年代企業中招徠的商股，大都來自這些人自身及其親友們，另一部分則來自北洋官僚。總的說來，招股的範圍很狹。但在1880年代初期，情形有顯著的變化，特別是1880年上海機器織布局採取公開登報招股的形式，入股者很踴躍。1880年代初的幾年中，各企業繼續招股，資金大量增加。輪船招商局的商股一百萬兩招滿了，接着又擴充二百萬兩（1883年）。這幾年是中國資本主義發展的關鍵時期，也是洋務派決定選擇究竟要走什麼道路的重要時刻。

中法戰爭給洋務派帶來政治和軍事的破產，同時新企業的信用已經嚴重破壞，但這並沒有能促使他們改弦更張，走上扶助民族資本發展的道路。從一八八五年開始，十年之中，他們變本加厲抑制民間資本。公開招股從此停止了，他們反而大肆宣傳舉借洋債。在北洋系洋務派把持壟斷之下，這時期的新「商股」主要就是買辦官僚集團的包辦分肥。這集團中當然也有一些非官僚的「商人」，但這些人和洋務派官僚有直接依附關係或是為他們服務的經紀人。因此，十九世紀八十年代中葉以後，洋務派官僚集團的壟斷和民間資本的矛盾更加尖銳；洋務派企業中，前此所招徠的商人股本被魚肉情況也愈演愈烈，這時期官與「商」的矛盾情況，和前期很不相同，改良派人物

在這時期對「官督商辦」也提出更尖銳的抨擊。

官督商辦的結束是仍須研究的問題。但不能認為甲午戰前洋務派已經懾於輿論，或是迫於形勢，而主動放棄官督商辦，實際上，不但他們堅持原有辦法，而且甚至在甲午戰後無論南通的大生紗廠或是蘇州的蘇綸紗廠，還都是以「官督商辦」「官商合辦」之類的名義開其端。上海紡織業中官督商辦的廢止，據我看來，主要原因是由於在《馬關條約》訂立之後，上海外國紗廠充斥，清政府不能再禁止民間設廠，而買辦官僚集團紡織經營自身遇到破產，也不能不放棄在這一方面的壟斷。一部分官僚從李、盛集團的控制下分化出來。他們原先在官督商辦系統內設立的半獨立的紗廠，在甲午戰爭後自然形成為獨立的企業。但上海一批紗廠和內地不同，是在一定時期內仍然受着官僚資本主義控制的。

一、關於「官督商辦」

北洋派所舉辦的輪、煤、電報，紡織四大企業都是屬於官督商辦性質的。前面三個企業的官督商辦性質，始終都很清楚；最後一個企業前期的性質，則很有爭論。官督商辦是洋務派從官辦軍需工業轉向民用工業所採取的新手段。從官府委派

商人承辦這一點上看，可以說它和封建社會舊有的「承商」制度有淵源關係。為了舉辦新式企業，封建政府不可能撥出鉅款直接投資，也不願負虧損的責任，所以要選派殷實可靠的商人，給予他一定的權利，讓他來承擔這指定的任務。但是，洋務派在「承商」制度之上，加添了官僚集團的控制，利用官款以借貸形式侵入企業，並從而逐漸排斥一般商人，消滅一般商股，使這些企業成為官僚派系的私有財產，這就使官督商辦具有完全新的性質，而這又是和買辦化官僚對於外國勢力的依附分不開的。

（1）招商局初期的負責者朱其昂本來是擁有不少沙船的商人，又是受官方委任承辦海運的「委員」。一八七二年，他以這樣半官半商的身份受李鴻章委任辦理輪船招商局，一八七三年，招商局改組，買辦商人唐廷樞被「推舉」（實際是官方指派）為「商總」，負責客、貨載運事宜，並和另一買辦商人徐潤同受北洋「札委」為「總辦」，他們二人是主要的承辦商人，但又取得半官的身份。同時李鴻章又札委盛宣懷、朱其昂兩個代表官方的總辦，來控制招商局，這就完成了官督商辦的制度。一八八一年，鄭觀應《致招商局總辦唐景星》書說：「查招商局乃官督商辦，各總、會、幫辦俱由北洋大臣札委。」可見當時人本來認為招商局從一開始就是官督商辦的。一八七七

年，招商局收購旗昌輪船，官墊鉅款，曾有「官商合辦」之議，但「繼見股本日虧，改為借款」坐收「官利」，維持官督商辦。

舊《交通史航政編》把一八七三——一八八五年初這一段的招商局歷史劃為「商辦」時期，把一八八五年初到一九〇九年初的一段劃為「官督商辦」時期，把招商局改歸郵傳部管轄以後的歷史標作「商辦隸部」時期，這雖然也有表面的一定根據，但不能說明企業的主要性質，反而容易引起誤解。

一八七三年李鴻章奏中所稱「招商辦理，由官維持」，這實際是為官督商辦找理由，而不是主張「商辦」。同年新訂《輪船招商章程》規定「輪船歸商管理」，並指定唐廷樞以商總資格管理上海總局，以股份較大的商人朱其詔、徐潤充上海局商董，宋緒充天津分棧（即分局）商董，劉紹宗、陳樹棠、范世堯充當商董分管漢口、香港、汕頭三處事務，但這裏所謂「歸商辦理」也就是官督商辦，因為無論「商總」「商董」都是由官指定，他們都是局中職員。這就是章程第一條竟然規定商董名單的原因，而官方則在章程規定之外另委派總、會、幫辦。所以儘管這時期上海總局和各處分局都由商人負責業務事宜，但招商局仍是官局，是官督商辦的機構，而沒有真正「商辦」，這時期局中大權操在官而不在商，重要事宜取決於官方

負責人，如一八七七年的收購旗昌輪船就是由盛宣懷決定的。至於唐、徐等這些商董，實際都是北洋的經紀人。最近汪熙先生的一篇論文指出招商局是洋務派的第一個官督商辦企業，這個看法是可以肯定的。

（2）開平礦務局的官督商辦性質見於明文。一八七七年唐廷樞等會擬的《開平礦務招商章程》和李鴻章的批示確定了該局的官督商辦性質，只是補充說明要「摒除官場習氣，悉照買賣常規」。一八七八年（光緒四年二月初五日）《申報》說開平礦務局「名為官辦，實為商辦」這些都無非是招股宣傳。十九世紀七八十年代各處新型煤礦，除基隆一處係官辦，中間一度由商人承辦外，其餘都是官督商辦。開平初期股本大部出於在職官吏，煤礦又在北洋直接管轄之區。「官督」的色彩在各企業中無疑是始終最濃厚的。

（3）一八八〇年，李鴻章在天津設立電報總局，並於紫竹林、大沽口、濟寧、清江、鎮江、蘇州、上海七處設分局，據他的奏片，當時計劃是先從軍餉內撥款墊辦，然後依照輪船招商章程選擇商董招股集貲，分年繳還本銀，官督商辦，聽商人「自取信貲（電報費），以充經費」。一八八一年安設電線經費共用湘平銀 178700 餘兩。接着就由盛宣懷召集商人們籌議，商人們認為「線長報稀，取貲有限，非官為津貼不可」，於是

李鴻章奏稱「遵即試招商股，自八年（1882年）三月初一日
起改歸官督商辦。」經元善記《電報原始》說：

> 光緒辛巳（1881年）孟夏電務正在開辦之際，
> 鄭陶齋（觀應）為總辦，謝綏之（家福）為會辦。
> 適謝君病危，舉元善自代。……迨壬午（1882年）
> 春，改歸商辦，先集股湘平銀八萬兩，督辦盛公派
> 善出一萬兩。……嗣鄭君專務紡織，兼會辦輪船，
> 應接不暇，改委善總辦滬局，添本擴充。又公議創
> 始入股者為商董，共支商董月薪五百元，盛得二，
> 鄭、謝、經各得一。……第二次股本改洋款，添招
> 二十四萬元時，善一往無前，共入二百六十股。甲
> 申（1884年）法釁後各股大跌，銀根大緊，不得不
> 售，虧耗一萬六七千元。

經元善所謂「改歸商辦」，實是「改歸官督商辦」的省文
（看上文引李鴻章奏自明）。一八八三年李鴻章又奏稱：

> 今既有眾商承辦，若衡情酌理而論，倘該商等
> 能將官款全繳，並自給巡費，則局事應由商主持，

官即不能過問。……今因所繳官款尚有不足，又暫
貼巡費，雖名為商辦，仍不齒奉行官事。

這就是說把官款留在電局，就可作為維持官督商辦的理
由。這樣不讓企業變成民營，目的無非是為自己長期控制打
算。從這裏可以清楚看出，洋務派官僚的居心和日本維新派扶
助民營企業的見解如何截然不同。這是討論「官督商辦」作用
所應該注意的問題。

（4）上海織布局興辦初期的歷史應該和上面所述的幾個企
業聯繫起來才能看出問題的癥結所在。

織布局原議出於北洋官吏，彭汝琮稟請李鴻章准予承辦織
布局這一建議實際是一八七六年北洋讓魏綸先承辦「原議的繼
續」，汪敬虞先生對這樣看法提出疑問。現在藉此機會作一些
補充，仍請汪敬虞先生和其他學者指教。

本來通行的說法，上海織布局是李鴻章創辦的，但一般記
載都只是根據一八八二年（光緒八年三月初六）李鴻章《試辦
織布局摺》，摺中對於前此「疊經傷辦，久無成議」的情況沒
有具體說明，後來研究注意到其他文獻以及西文報刊的資料，
知道前此有彭汝琮等人集資呈請李鴻章批准籌辦的事情，於是
有些學者就從這裏得出織布局原是由洋務派庇護的民辦企業

的結論。這不只牽涉到織布局的性質問題，同時也關係到洋務派對民間企業的態度和有關措施（如奏准十年專利）的作用問題。這對於評價洋務運動和了解洋務運動的發展途徑都很有關係。因此，我認為這個問題需要澄清，因而也作了一些粗淺的探索。我想汪敬虞先生是基本上同意我的見解的。

「織布局原議出於北洋官吏」的看法並不排斥汪敬虞先生文中對於十九世紀五六十年代買辦商人企圖依附洋行進行紡織業活動所作的詳細說明，正如輪船招商局的創議出於洋務派官史的看法並不排斥前此已有大批華商資本投入旗昌、太古、怡和等公司（甚至還有人自己興辦小型輪船公司）這些事實一樣。爭論的一個問題是：一八七六年李鴻章派魏綸先承辦織布局到上海招商集股這一件事究竟是由誰發動的。這裏我只想補充一點。

一八七六年，李鴻章覆沈葆楨信說：津海關道黎兆棠再四諷勸創辦機器織布，因令魏綸先出頭承辦。這一條材料沒有什麼可疑之處。而且鄭觀應《盛世危言》論紡織一篇，首先舉出黎兆棠的言論，這也可以作為旁證。假如原議實際是出於買辦商人（那就當時情勢看來可能性最大的就是出於鄭觀應本人），他在本文中和其他有關織布局的記述裏不應完全沒有提到這件事。

關於彭汝琮籌辦是否北洋原議之繼續這一問題，汪敬虞先生提出了反證：北洋原議先以「江、直公款（即官款）存局生息，然後招商股」，而彭汝琮稟稱有把握招足股份，「不敢請發公款」。我以為這倒是證明了彭的建議和原來計劃的聯帶關係，否則不會憑空有「不敢請發公款」一語。鄭觀應等覆李鴻章稟中說「此事各海關奉飭議覆於前，彭、戴（景馮）二道籌辦於後，迭經再三訓示，一切底蘊已闡發無遺」，也說明彭的「籌辦」是前議的繼續。

我以為，北洋原議是由於看到機器織布大利所在而提出的，興辦目的當然不是為民興利而是首先為了肥己。原議先撥官款然後招商，這樣辦法，從其他各企業的官督商辦例子看來，無非是一種控制手段，同時也為了坐享「官利」，一八七六年招股失敗了。一八七八年彭汝琮就表示不需官款就可集股籌辦。李鴻章同意這個辦法，並不等於同意放棄對織布局的控制。第一，籌辦之時雖然不要官款，但北洋沒有撤銷原議，仍可隨時將官款加入。一八八〇年戴恆等按辦織布局時訂立的《招商集股章程》規定集股四十萬兩，但又規定「稟明南北洋官憲酌撥公款」，並且規定「官利」，這看來似乎多餘的文字，實際也就是李鴻章始終沒有放棄把官款加入織布局從而加強控制的說明。第二，彭汝琮先由李鴻章委任「承辦」局

務，繼以辦理不善革職。織布局的幾個總辦、會辦始終由北洋札委，名為商辦，其實質顯然是屬於官督商辦類型的。這是我想要說明的主要問題。由於織布局遲遲未能開辦，到一八八七年北洋委官「整頓」，就完全成為官督商辦的企業了。

十九世紀七十年代和八十年代初年，中國頭一批官僚、地主、商人投資於新式企業，這是中國民族資本主義產生的重要時期。這一時期投資者的最主要場所，當然就是洋務派所辦的上述各「局」，這些局當然不是近代公司，後來改良派的評論說；

　　按西例，由官設立者謂之局，由商民設立者謂之公司，總理公司之人，即由股商中推選才幹練達、股份最多者為總辦，初未嘗假於官，官特為之保護耳。今中國稟請大憲開辦之公司，皆商民集股者亦謂之局。其總辦或由股份人公舉，或由大官札飭，皆二三品大員，領給關防，要札副，全以官派行之。……試問外洋公司有此辦法乎。

這已經很清楚地說明了官局和公司的分別以及洋務派根本沒有把這些企業看作公司的實況。

但是在這些官局中出現了最早的民族資本主義成分，這又

是十分重要的事實，評價洋務運動者主要應該看到它在總的過程中對民族資本主義的壓迫作用，但也不能忽視它在創辦時期所起的客觀作用，問題在於如何對這些作用進行具體分析。概括說來，洋務派既是新式企業的創辦者，又是它們的推殘者，也應設說，即是在創辦時期，詳務派的政治立場和經濟自私打算已經決定他們只能走上官僚資本主義的道路，下文接着討論商股和官商矛盾，藉以比較具體地說明洋務運動所走的途徑。

二、洋務派企業中的商股和企業中的官、商矛盾

（1）首先，我們討論十九世紀七十年代和八十年代初的投資情況及有關商股的問題。

在此前的論文中，我已說明招商局創辦在頭幾年中招徠商股的困難，一方面舊式商人的資本對於新式航業表示冷淡，另一方面，詭寄洋行的買辦資本又在多方忌阻，這些擁有資金的人都還不急於讓自己轉化為新式企業家。這時寄存於洋行和外商航運公司的大量款項，一般都安於依附洋商生息分紅，款項的持有者對發展民族企業的打算至少是極其微弱的。早期買辦所創辦的所謂輪船公司並非獨立的民族企業。如唐延樞雖有洋船「待華人不如羊」的感慨，而只是集股租外國船兩隻往來港

滬，這豈不仍是洋行的附庸？鄭觀應前此在航業上的經營（長江攬載行，太古亞、太古昌、太古輝；天津攬載行源泰；福州過載行寶泰）都是為太古輸運服務的機構，因此我以為認為民族新式航運企業開始於買辦的看法是難以成立的。

　　至於有些學者主張早期民族資本主要出於外國資本主義掠奪餘瀝的轉化這種論斷，並無確切根據。就招商局說，唐、徐二人所出資金特多，可以承認這主要是買辦的積累，儘管徐潤在投資招商局前六年已經辭去買辦職務，但他們所招徠的別人股本又當別論。據經元善說，唐、徐二人在這時期替招商局和開平煤礦招股，係採用「因友及友，輾轉邀集」的辦法。我們當然不能把這些「友」都目為買辦。

　　據一八七八年日本方面祕密調查，開平煤礦「開辦募集資本時，應募者多係在職官吏」。開平商股主要是官僚投資，這是很自然的情況。至於招商局商股之中，一般商人（蘇幫、廣幫）投資必然不少。除去前此李鴻章原交五萬兩之外，這時也應該還有其他官僚股本。無論如何，就以十九世紀七十年代而論，從各企業總的情況看來，官僚、地主、商人開始投資於新式企業這一論斷，是符合事實的。同時，這裏所說的「商人」也可以概括一些向民族資本主義轉化的少數買辦商人。因此，我以為沒有必要在官僚、地主、商人投資於新式企業外，另外

提出買辦依附洋行逐漸轉化為民族企業家這一「途徑」作為補充說明。

到了十九世紀七八十年代之交和八十年代初，情況很有變化。一方面官僚、地主、商人投資新式企業的要求顯著地增加了；一方面招股風氣一時大盛，入股者空前踴躍。商人中如鹽商李培松，不但在一八八〇年參加對織布局的投資，而且稍後呈請「自造小輪船」（實是組織小輪船公司）在淮揚運河一帶行駛，經兩江總督左宗棠批駁不果。一般商人的要求，正如汪敬虞先生論文中所指出的，可以經元善為代表，經元善出身於商人世家，但他父親經緯已經取得「紳」的資格，經元善早歲經商，繼以辦賑得名，在紳商中頗有聲望，他代表江南舊式商人上層勢力。在彭汝琮、戴景馮籌辦織布局相繼失敗之後，一八八〇年，戴恆出面承辦，力邀鄭觀應入局，而鄭觀應以爭取經元善合作為條件，當時經元善正在直隸雄縣放賑，戴恆赴津稟李鴻章，李即傳諭經元善，於是經元善回到上海和戴、冀、蔡、李、鄭六人訂立集股「合同」，由鄭「經持大綱」，經「駐局專辦」。

據經說，是年秋間，在濟陽裏開局招股，他採取「每月清算佈告大家」的辦法，不久「親友之附股者已有六七萬金，頗有近悅遠來氣象」，接着他在《申報》刊登《集股章程》和《招

股啟事》，引起戴恆、龔壽圖等的不滿。但招股範圍達到空前
廣泛程度，包括北京、天津、南京、揚州、鎮江、杭州、寧
波、紹興、上虞、湖州、安慶、蕪湖、漢口、九江、重慶、煙
台、福州、晉江、台灣、汕頭、廣州，香港、澳門以及海外的
新加坡、三藩市、長崎、橫濱等地，共二十八處。織布局在這
二三年中所收股本迅速超過原定的四十萬兩，鄭觀應就稟李鴻
章暫可不領官款，經元善後來說：

> 溯招商、開平股份，皆唐、徐諸公因友及友輾
> 轉遞集。今之登報招徠自願送入從此次始。初擬章
> 程招四十萬，後竟多至五十萬，尚有退還不收。商
> 務聯群機械已萌芽勃發。若當時通商大臣明乎保商
> 宗旨，視民事即國事，視國事如家事，分別是非誠
> 偽，將行餘之入手起點，事事登報懸為成例，則癸
> 未、甲申（1883—1884）年間各項公司招股，何
> 至魚目混珠，是閉塞中國商務孔竅實種每於此，真
> 可為太息者耳。

登報公開招股當然是招徠資金應該採取的辦法，洋務派代
理人（如戴恆、龔壽圖）反對這種辦法，也很清楚是為專擅

肥己打算。但是企業本身在官僚集團的把持下，即是報上公佈股份，實際也並沒有保障。一八九三年織布局失火後，每股百金僅折十餘兩，這些就是經元善等人這時期招到的股本。經元善並沒有道破洋務運動破產的根本原因，但是他所指出的民族資本主義發展失去八十年代的重要時機，則是極值得注意的事實。

這時期官方和商方的矛盾主要表現在：這些企業究竟要往什麼方向發展，汪敬虞先生提出的對經元善和戴、黃矛盾的討論是重要的。他們的爭端實際上是發展道路的分歧。前此的彭汝琮當然不能和經元善相比，彭的空頭買賣在經濟上是投機，在政治上無非藉此謀進身之階，希望取得投靠北洋的門路。經元善的改良主義傾向在當時則是很典型的。

上文附註中已經提到一八八二年鄭觀應、經元善等對盛宣懷擬定的電報局招商章程的批評。鄭觀應致盛函中提出官督商辦不是長局的見解，他說；

　　中國電報乃獨市生意，招股不難，難於當道始終不變。（中略）中國尚無商律，亦無憲法，專制之下，各股東無如之何。華商相信洋商不信官督商辦之局，職此故也。蓋官督商辦之局，不佔公家便

宜，只求其保護，尚為地方官勒索，若太佔便宜，
更為公家他日藉口。李傅相不能永在北洋，又不能
保後任如傅相能識大體，藉此興商。

他在這時也沒有看清李鴻章、盛宣懷這些大小洋務官僚
根本不可能負起「興商」的責任，所以一面憂慮官督商辦不
是可靠的辦法，一面又希冀一時依靠李鴻章的庇護，並在將
來使官督商辦之局變為純粹商辦之局。無論他們對織布局或
是電報局的想法，都迅速被證明只是一種幻想。洋務派民用
企業中根本不可能實現商人們的要求。但到十九世紀八十年
代中以後改良派才逐漸看清這一點，他們才對官督商辦作進
一步的抨擊。

洋務派企業的壟斷性質對一般民間資本也可看出是極其不
利的。這時期要求投資新式工業的人數顯著增多。織布局幾十
萬元資本超額募到，招商局一八八一——一八八二年度報告書
說：「我們第七年度資金只有八十萬兩，到第二年春間不但將
原定額百萬兩招足，還有許多要求入股被謝絕者。」一八八三
年擴充新股一百萬兩，也迅速招滿。不是由於官督商辦的限
制，至少航業和紡織業方面的民辦企業可以大量興起，這是很
明顯的。一八八二——一八八四年各項「公司」招股，應者踴

躍，經元善所說「魚目混珠」，就是指官督商辦的惡果。這些所謂公司主要就是一批官督商辦的礦局。

一八八七年有人奏稱「中國自仿效泰西集股以來，就上海一隅而論，設公司數十家，鮮克有終，而礦為尤甚。承辦者往往蕩產傾家，猶有餘累。公司二字久為人所厭聞，官項竭蹶所不待言，則籌費難」。言「承辦」，又言「官項竭蹶」，顯然是指官督商辦的企業。可以看出，開平以外礦冶業的失敗在十九世紀八十年代中期已經十分清楚。失敗的原因也不是由於無人投資，而是由於官督商辦制度。因此經元善所說「商務聯群機械已萌芽勃發」和「閉塞中國商務孔竅實種毒於此」（指1882—1884 年）這兩句話，確是值得我們注意的實況。

另一方面，這時期官僚投資顯著增加。一般官僚加入的股本都應該是商股，但是，這時期已經出現了洋務派重要官吏中像盛宣懷那樣大收金州煤礦和開平煤礦股票的人，這又不能以一般投資家目之。

（2）現在我們接着討論八十年代中葉以後商股和官商矛盾的新情況，這些情況在招商局和織布局兩個企業中特別顯著。

在中法戰爭時期，招商局和織布局本身都遭到嚴重的危機，一八八三年，兩個企業都發生了負責經紀人（徐潤、鄭觀應）挪款虧空事情，招商局由李鴻章派前被參劾而暫時失勢的

盛宣懷前往主持。次年春又添委道員馬建忠到局，原來負責的徐潤被參革，唐廷樞也被調開。唐廷樞以中法戰事恐局船損失為理由，先建議將局產押於英商怡和洋行不果。當年夏間馬建忠和美國旗昌洋行磋商抵押，並在天津和盛宣懷共同經手訂立合同。旗昌經營一年，存款利息和股息均無着落，一八八五年夏局產收回，盛宣懷為督辦，馬建忠、謝家福為會辦。洋務派提出整頓招商局之議，招商局就此進一步成為北洋系買辦官僚的機構。

招商局本已迭借洋債。在洋務派官僚「整頓」之後，商股不再招募，官帑停止借撥，而大筆洋債侵入，於是官僚資本主義企業的色彩十分明顯了。一八八五年，「盛宣懷稟明李鴻章以局產向滙豐銀行借英金三十萬鎊，周息七厘，分訂十年清還，並稟准南北洋大臣奏明還洋債後還官商等款，以紓商困」。一八八六年正月，李鴻章奏稱「該局現欠洋債計有一百餘萬兩。」滙豐借款直至一八九五年議訂續借二十方鎊貨款時尚未還清，產權一直落在滙豐手裏，這時期中滙豐隱然對招商局進行控制。這從一八八六——一八八七年馬士致德璀琳的兩封信中可以清楚看出其中情況。

馬士，美國人，原在中國海關工作，一八八六——一八八七年，他忽然在上海招商局大弄權柄。他的直接上司是

馬建忠和沈能虎，但兩人都不在他眼裏，他經常以對招商局業務的意見函告李鴻章的洋顧問、德國人德璀琳，一八八六年十一月，他和沈能虎鬧意見，打算辭職，十二月二日他致德璀琳信說：

> 事情發展的情況大致依然，只是最後有一點改進的樣子。馬（建忠）離此十日還沒有回來。上星期情況達到如此不愉快的地步，使我已經草擬辭呈，但我決定留待最後一班輪船再行發出。後來情況很有改善，使我相信沈（能虎）一定是得到了有力的指點。從那時起，我已經能夠更改他對一些小事採取的一兩樁錯誤作法，並且讓他知道是我更改的。
>
> 我在不復堅持辭職並且開始懷疑之後，我以辭呈稿示於卡默倫（Cameron, 滙豐銀行代表）。他大加反對，並且說如果我遞送辭呈，他要向總督（李鴻章）抗議。我不願把總督置在必須決定對銀行讓步或是拒絕銀行這樣兩難地位，這樣考慮，加上沈（能虎）傾向的改善，使我決定留着辭呈等待你對我十一月三日和十一日兩函的覆音。……

到了第二年八月，他犯了職務上的錯誤，再也不能不辭職了。八月二日他致德璀琳信說：

> 附函寄上我辭去招商局職務的呈文，請你交呈李鴻章。
>
> 沈能虎責我派壁德生（Peterson）駕駛保大號輪失事，這確實是由我作主指派他的，……但我不幸疏忽了。沒有告訴沈，這樣，我行為越權了，因而自己必須負責。

第二天，他致德璀琳信說：

> 我昨天告訴卡默倫（Cameron）說，我已將辭呈交你轉呈總督。今晨他約見我，將他寫給天津支行的信讀給我聽，萊斯（Lrith）特調你談此事。他函萊斯見總督激烈抗議，如果他接受我的辭呈，並且特別指出一八八五年七月二十八日借款合同中幾個條款，說明因為我在招商局供職的緣故，他才把這些條款擱置許久，現在如果我離局使他失去直接磋商的保證，他就必須堅持這些條款的履行，特別是

專派一個代表銀行的監督（Superintendant）。……

顯而易見，馬士即是滙豐銀行駐招商局的代表，洋務運動後期「官督商辦」的招商局，竟然成為洋人監督下的官僚私產了。

上海織布局在一八八七年，也是在「整頓」的藉口和「官督商辦」的名義下，變成北洋官僚的私產。我在此前論文中已有較詳細的敘述，這裏不想重複。汪敬虞先生文中對一八八七年後織布局商股情況，作了很重要的補充說明。我也想補充幾句。我所說的織布局等企業成為官僚私產，並沒有否認局中還存在着一般商人股本。關於官商矛盾問題，這時期原有老股只是橫被魚肉，毫無力量。一八八八年《申報》刊登《含冤同人公啟》，抗議「老股一律七折」，但到了一八九三年每股百金只剩十餘兩，連二折都不到，股東們無處伸冤。但在老股被踐踏消滅的同時，新股卻由另外一批人（衛靜成等）迅速籌集起來，而這些人在企業中和洋務派官僚卻能夠融洽無間，可以看出同是「商股」而新舊的內容顯然有所不同。應該承認新股是官僚及其依附者的分肥，而舊股則完全沒有反抗的能力。這就是我所說的織布局成為北洋官僚集團私產的本意。

我曾對「華新」歷史所作的考訂，着重說明它是織布局的

分局，不是獨立民辦企業。汪敬虞先生根據楊宗瀚遺稿，舉出一八九三年七月楊向李鴻章所提的另招商本設廠紡紗「與布局外合內分」的建議，這對我的結論提供了一個很有力的佐證。

三、紡織業中官督商辦的結束問題

　　一八九四年李鴻章《推廣機器織布局摺》中明說「計劃在上海、寧波、鎮江等處集股份設十廠，官督商辦」，一般研究對這句話似乎不甚重視，我以為這樣說法是符合實際情況的，因為當時私人沒有得到官方批准決不可能設廠，而且洋務派也不會因為織布局失事就放棄壟漸控制紡織業的意圖。因此我在前一文中主張甲午戰前的華盛、華新、裕源、裕晉、大純等廠都只能是官督商辦的企業，這就是指這些廠最初幾年的歷史而言，我又認為，一八九四——一八九六年籌設的寧波通久源紗廠也是李、盛計劃的產物，不能把它簡單看作一個老軋花廠的發展，通久源的具體情況不夠清楚，有待於調查。但決不能把它當作《馬關條約》前民間已可自由設廠的例子，並從而說明洋務派已經放棄對紡織業的控制，則是可以斷言的。

　　《海關十年報告》第一輯（1882—1891 年）確實說到通久軋花廠「大事擴充，……並已決定起蓋一座兩層大磚樓，不僅

要在裏面軋花，還要從事紡織」，汪敬虞先生認為後來通久源紗廠就是這樣發展起來的。果然如此，則紗廠的起源要早於織布局失事二三年。這顯然是難以理解的。我在前一文中引用的《海關十年報告》第二輯的記載實際上已經說明了所謂「從事紡織」只是設想，並未實現。但《報告》沒有提出資料根據，現在譯出寧波稅務司墨賢理在一八九四——一八九六年致總稅務司赫德的幾封信中有關通久源紗廠舉辦的資料，以為進一步研究和調查的參考。

（一）一八九四年三月十五日墨賢理致赫德函——「道台告訴我：一個資金四十五萬元的棉花廠在寧波組織成功了。它將在現有的蒸氣軋花廠房附近設立紡紗廠和織布廠（spinning and weaving mills），舉辦這項企業需要南洋和北洋大臣的批准，但道台相信獲得批准沒有困難。因此我們將要看到軋花紡織在幾乎同地點進行着。軋花廠的經理將同時擔任這些新廠的經理。」

（二）一八九五年八月一日墨賢理致赫德函——「你問我關於怡和紗廠，似乎你以為這個廠設在寧波。這裏並無怡和紗廠。我在信札中偶然提到的以及去年我在《海關貿易報告》中所述的那個紗廠是中國人的企業，廠設在 North Barrier Btation，離海關約兩英里。它現在正在安裝機器，它的經理

希望在 8 月中開始紡紗。進口的鍋爐和機器估價約值十萬海關兩。據說這個廠將有一萬八千枚紗錠，將來並將有四百台織布機。」

（3）一八九六年三月十七日墨賢理致赫德函──「今天我將備文向你報告關於我們這裏新紗廠即通久源出品的交稅待遇問題。這個廠不久即將出產棉紗。你從我的來文中將要看到我同意給予本地紗廠出產的棉紗以和上海各廠出品同樣待遇的建議，但我反對由紗廠本身發給類似上海各廠簽發的關於已納關稅免繳釐金的證件，因為這樣可能發生下述情況，即內地關卡將要認為這種證件就是已經向海關納稅的唯一必要證明，而這種證件卻容易由紗廠或是它的僱員在受權或沒有受權的情況下，不管有沒有納過關稅的證明而就發給。我還沒有調查上海現在是否已經發生這種弊端，但是這種誘惑性和造假的機會看來是很明顯的。」

這時設廠需要南北洋（主要是北洋）批准，是可以肯定的。寧波道台相信獲得批准沒有困難，背景可以注意。一八九三年底到一八九四年初，盛宣懷正在上海推行北洋控制的紡織系統計劃。《海關十年報告》第二輯說這時寧波、上海一些富人合資三十萬兩，比寧波道台這時告訴墨賢理的話更確切，也證明了李摺所說的「集股設廠」不是空話。通久源不是

嚴信厚獨資創辦，雖然他的投資額特多。汪敬虞先生說他已經不是李鴻章幕僚，這是對的。但他的經濟活動中心仍在上海。我們也知道他奔走江南各地的一些活動。他和盛宣懷關係極密切，在政治和經濟上他仍然屬於北洋集團，這是沒有疑問的。李、盛突然提出在寧波「分設紗廠」不全無因，正是因為嚴信厚和他們有派系關係（嚴信厚是上海等處海關官銀號的主人，他必須和上海海關道有密切關係）。

　　大純、裕晉兩廠的資料十分缺乏，汪敬虞先生提出兩廠是否果真屬於李、盛集團的疑問，這是正當的存疑態度。我一直懷疑一般資料著錄的開設大純的「盛某」就是盛宣懷自己（不然何以始終不露真名），但沒有確據，不敢斷言。至於裕晉雖然說是買辦商人創辦，但在當時情況下，這也很難是和北洋集團沒有關係的人，也許他竟是官僚集團的經紀人。這些都只好存疑待證。

　　為什麼我強調注意李鴻章在這時所講的「官督商辦」呢？因為假如不是「官督商辦」，一方面清政府不會批准他的奏請（因為清政府本是禁止民辦新式紡織的），另一方面沒有官督商辦的名義，他就沒有要求新設紗廠「出紗一包，捐銀一兩」的權力根據。而且，上海織布局本來只奏准織布，分設紡紗局未經奏明，現在華盛全改紡紗（實際停止織布），而且要批准

各廠成立，所以不得不擬定對紡織業的全部計劃提出奏准。但這究竟是官樣文章，李、盛集團是否固然立意照他們擬議要在四十萬錠紗機的範圍內積極推廣，至少是可以懷疑的事情。可是，在奏准之後，北洋取得了在四十萬錠範圍內新設紡紗廣的批准權力，另一方面也就是拒不批准的權力。因此，一面「官督商辦」的內容有所改變（沒有派遣大員管理各廠），各廠私營的性質顯著了，另一面設廠數量的控制和具體紗廠的設立與否，仍是要根據北洋官僚集團的利益來考慮決定的。照這樣辦法，普通民間資本依然不能得到設廠的機會。這就是這時官僚資本壟斷性質的表現。

華盛計劃僅僅推行一年之後，馬關條約把設廠權開放給侵略勢力，情形大變。清政府既然允許外人設廠，當然不能再禁止民間設廠。於是內地（南通、蘇州、無錫）有設廠之舉。上海外商紗廠林立，華盛等廠受擠，考慮或租或賣、或與外商合辦，以華盛為中心控制紡織業的計劃不能不結束。這一段時間短暫，各廠正在興辦，有的開工還在《馬關條約》之後，情形變化，性質因而模糊，但沒有理由認為北洋官僚前此已經放棄官督商辦。此外，汪敬虞先生要我注意「（在紡織業中）原來的官局或官督商辦逐漸變成了純粹商辦，它的民族資本性質卻一天一天地顯著起來了」，當然，分別開說，一些私營性質很

強的紗廠（實際是官僚集團在官督商辦名義下的私營）是從官督商辦的織布局派生出來的。但就總的發展道路看來，即是在紡織業中，官僚資本主義的色彩又是愈來愈濃。在盛宣懷控制之下，上海紡織業雖然在極短時期內出現少數勉強可以稱為民族工業的紗廠，但不久幾乎全部都被外國資本主義佔有而斷送了，這和盛宣懷與外資勾結也有一部分關係。官督商辦就在此無廠可督、無商承辦的情形下結束，上海紡織業的破產就是官督商辦的破產，也就是官僚資本主義壟斷所造成的惡果。

但這不是全部官督商辦的結束。招商、開平、電報三局依然官督商辦，在不同程度上也都落到侵略勢力的控制下。甲午戰後各地興辦的新企業，有不少依然採用官督商辦的辦法。與其說官督商辦產生了一些民族企業，倒不如說主要經濟部門中的民族企業只能是在掙斷官督商辦壟斷的縛索而產生的。

附帶說明一下十九世紀改良主義者對於官督商辦的看法，因為這在學術界也頗有爭論。有的學者看到鄭觀應在《盛世危言》礦務篇中，主張開礦應用「官督商辦」，從而得出他肯定「官督商辦」的結論。這樣看法顯然是誤解，鄭觀應對礦業肯定官督商辦是從官應該真正利商的假設和願望出發的。而且這顯然是他較早的看法。後來當他談到實際情況的時候，他和同時的改良主義者一樣，對官督商辦提出尖銳的批評。在一篇覆

人《論商務書》中，他說：

> 查中國之所謂大公司者，惟電報局、輪船招商
> 局、開平礦務局，表面觀之，疇不謂「成效大著，
> 差強人意」。設純粹歸商辦理而非官督商辦，其所
> 收效，果寧有涯？

　　他在下文就接着抨擊官督商辦的腐敗情況。這是他後期的言論，代表他對官督商辦的新認識。另一改良主義者經元善在一八九〇年上張之洞書中，主張「仍存官督商辦之目」，但他的主題是官以款貸商興辦企業，商逐漸繳還官款，如是則「官商相維而商為尤重」，實質上也是反對洋務派的官督商辦，但張之洞後來卻任用盛宣懷來實行把官辦改為官督商辦，結果把漢冶萍斷送給日本帝國主義，經元善對他的幻想也被事實打破了，官督商辦的消極作用本來是很明顯的，本文就甲午前各時期不同情況作進一步探討，希望有助於各種企業性質的說明，從而更清楚地看出洋務運動的反動性質和必然破產的道路。

　　必須指出，這時期各種民用企業的破產，不是僅僅由於本身管理的腐敗（這當然是事實），而從根本上說是由於資本帝國主義及其依附者的聯合摧殘。

洋務運動和中國資產階級的發展

　　十九世紀中葉以後二三十年中洋務派所辦的民用企業，跟當時資本主義的產生和發展有很密切、很複雜的關係。因為：（一）洋務派是封建官僚中首先買辦化的部分。他們企圖藉用西方資本主義生產的一些方法來鞏固封建統治，因而開辦若干新式企業，他們的目的主要在於籌款，並不願讓這些企業真正資本主義化。這些企業中既有私人投資，有新式工人和勞資關係，但又受封建官僚制度的束縛。企業本身就包含着封建主義和資本主義生產關係的嚴重矛盾。（二）投資者來源不同，社會地位不同，關係複雜，利害衝突。這些人出身於官僚、地主、一般商人或是買辦商人，都在轉化為資產階級，轉化的結果又有階層地位的不同。這種變化還反映在企業本身之中。（三）洋務運動的發展和中國半殖民地化的加深是在同一條道路上進行的，新式企業的興起和舊的經濟部門的破壞是相適應的，因而呈現了極端不平衡性。

　　和企業有關的資金向題、市場問題都離不開社會經濟變化的根本情況，因此又表現為各個時期問題的不同。本文着重討論輪船招商局興辦時期的招商募股情況和機器織布局的興辦及其重要發展階段的變化，分析從招募商人資本到官僚私人企業這一發展途徑，這樣來說明洋務運動和資本主義發展關係的一些主要問題。

一、輪船招商局興辦時期的私人投資問題

　　洋務派的頭一個民用企業，是如何辦起來的？哪些人首先投資於輪船招商局這個企業？這是近來討論中提出的一個問題。有的論文比較着重探討投資者的階級成分，這是必要的。但我想先從洋務派不得不辦新式企業的原因，及其從招商局下手的緣故，進行一些分析，來說明我對這些問題的看法。

　　洋務派必須辦新式企業，這在一八七〇年左右，已經是很明顯的了。當時的軍事工業中，江南製造局和福建造船局是兩個重點，花錢很多，封建政府苦於負擔，不能長此下去，必須另想辦法。一種可能的辦法是把這些軍事工業企業化，兼辦民用事業，這些工業本身的確也存在着一些資本主義生產成分及其發展的可能性，但是初期新式企業主要還並不是從這裏發展起來的。

早在同治六、七年間（公元 1867、1868 年），江督曾國藩、蘇撫丁日昌先後接受道員許道身、同知容閎擬議的《華商置造洋船章程》，目的在於解決漕運困難，規定商船「分運漕米，兼攬客貨」。「章程」經總理衙門核准，由江海關諭各口試辦。這個「章程」並不是組織輪船公司的章程，而主要是規定商人租買商輪只許在通商口岸行駛，並且要照外國輪船一樣向海關交納船鈔貨稅。這是保障侵略利益的章程，起草人實際是海關總稅務司英國人赫德，經曾國藩略加修改。

一八六八年六月，就有「華商吳南記等」稟稱「集資購買輪船四隻」，請准「試行漕運以補沙船之不足，其水腳一切悉照海運定章，無須增加」。曾、丁二人均主張海漕仍須先盡沙船，免致沙戶全部破產，「輪船應以裝貨攬載為主，運漕為附」。「吳南記」等商只請「試行漕運」並無意攬載客貨，因此地方官吏核議後，不予批准。「吳南記」等是舊式商人還是買辦商人，不得而知。但他們所要求的只是分享漕運的專利，還沒有發展民用航業的想法，以舊式商人的可能性為較大。

當時沿海航運受到外國輪船的破壞，已不算輕微，但「吳南記」之外，也沒有其他商人回應原來建議。看來舊式航業破產雖烈，新式航業興起的主觀條件還未成熟。這是值得注意的問題。原議擱置三年多，到同治十年（1871 年）底，又有總

理衙門「招商雇買官局輪船」的建議。這次建議並不是出於商人，而是因為中央官吏中有人攻擊福建船政局造船糜費，主張撤銷，左宗棠和沈葆楨力持反對。總理衙門提出的是個調解辦法，這也得到曾國藩和李鴻章的同意。建議中所謂官局，不是單指馬尾船廠，而是兼指江南製造局。

同治十年十一月，李鴻章函閩撫王凱泰撥「閩廠輪船」裝米北運。十二月，他函曾國藩說，總理衙門已函商閩滬兩局，建議所建輪船「由商雇買」，他認為這是「經久良法」。接着，次年（1872 年）正月，他覆王凱泰信，說明了一些重要情況，從中可以看出初期軍事性工業已經遭到明顯的失敗，特別閩局專造兵船，已是欲罷不能。資金問題也無法解決。總署的提議和李鴻章對湘系洋務派的批評，表示了洋務運動不得不向企業性方面發展。決議一方面要求閩滬兩局兼造商輪出售出租，使官局本身至少部分地企業化；另一方面招商購船，成立新的機構。

——但是，洋務派既不能造出合適的兵船，也就不能造出合用的商船，所謂「官輪招商」辦法，只是仍以運漕為交換條件，把無用的小兵船推給商人。在這種官商特殊結合的條件下，雖然有利可圖，但成本也不輕，一般商人與其購買不合用的兵船，何如租、買外國商輪，所以願來嘗試者不會有多少

人。李鴻章表面上想替兩局解決問題，實際卻在打算乘機組織由北洋控制的航運機構。

後來，輪船招商局的籌辦就掌握在李鴻章一人手裏。北洋所借官款解決了一部分資金問題。據朱其昂續報，「各幫商人，紛紛入股」，「購集堅捷輪船三隻」。但這看來似乎是誇大的說法。李、朱想拉胡光墉入局，但胡終於藉口「畏洋商嫉忌」，拒不肯參加。一八七三年初，道員孫士達向李建議「添招閩、粵鉅賈入股」，但李鴻章實際並不同意孫的意見，因為「廣幫與浙蘇等幫向各爭勝，難遷合同」。而胡光墉領閩局十二船，自張一幟。他是左宗棠系買辦官僚兼豪商，當然不肯和李鴻章合夥。朱其昂實際代表江浙商人，他所招攬的是江浙商幫的資金，但數目有限。就在這個時候，李鴻章給沈葆楨信批評買辦商人不願投資。他說「敝處試辦招商，彼族（外國侵略者）尚無異詞，華人偏增多口，大都殷富詭寄洋行，幾疑中國之不能自立。試行數年後，倘亦於於而來耶」。

當年（1873年）夏間，李鴻章以招商局「資本過少，恐致決裂」，招致久充怡和洋行買辦的廣東人唐廷樞為「坐局商總」（即業務經理），讓他招股，目標當然在於買辦商人的資金。據他說「兩月間入股近百萬」，實際所收不到一半，其中買辦資金必然佔多數。此後主管招商局的有朱其昂、盛宣懷二人

代表官方，唐廷樞和另一買辦徐潤名義代表商方，負責經營，而唐、徐二人都是盛宣懷介紹的（據李鴻章說），於是盛宣懷成為代表李鴻章控制招商局的主要角色。光緒元年（1875年）二月，李鴻章奏稱該局「有自置輪船並承領閩廠輪八號。現又添招股份，向英國續購兩號，分往南北洋各海口及外洋日本、呂宋、新加坡等處貿易」。進行比較順利。再過一年（1876年）就有收購旗昌輪船的決定。

如上所述，可以看出，洋務派從軍事工業走向資本主義性質新式企業，是不得不然的發展。至於它先從航業下手，是當時的具體條件決定的。當時外國輪船在中國沿海和長江主要碼頭來往運載，外國航業已經深深地侵入中國社會經濟機構，中國沿海舊式航運已經遭到極端嚴重的破壞。咸豐年間沙船尚有二千餘號，到了同治末年只剩四百號，連海漕都成問題，民間貨物運載也愈來愈依賴洋船。沙戶破產的悲慘情況，充分說明了外國資本主義對半殖民地掠奪的原始積累性質及其殘暴的程度。殷實沙戶也不得不忍痛放棄自己的沙船而把資金附搭洋輪。一般商人普遍租搭洋輪。英國怡和、太古，美國旗昌等行就這樣迅速地擴大資本，增加船隻，吸收商人和舊航運者的資金而把他們轉變為自己的依附者。

資本主義的殘酷掠奪對中國封建經濟中航運部門的首先破

壞，也相應地提供了中國在這一部門中首先發展資本主義性質企業的可能性。不難想像，假如在完整的封建社會中採用輪船要遭遇如何嚴重的阻力。現在這種阻力已經在外國資本主義殘酷掠奪的過程中被打破了，李鴻章函稿幾次提到「我既不能禁華商之勿搭洋輪，又何必禁華商之自購輪船」。清政府已經允許外國輪船駛入長江，當然不能禁止民間使用輪船，正如《馬關條約》准許外人設廠之後不能禁止民間設廠一樣。李鴻章看到勢不可禁這一點是對的，但他卻是要利用舊航業的破壞，來控制當時已經不能不出現的新航業。於是在官方控制的條件下，一批商人開始向通商口岸的輪船事業投資。

因此認為招商局的興辦，是由於買辦勢力推動，這個看法是值得商榷的。如從翰香先生的論文，就根據一八七二年初林士志和「廣幫眾商雇搭洋船者」所議章程，和一八七三年初孫士達「添招閩、粵鉅賈入股」的建議，作出這樣的結論：「推動和支持李鴻章奏辦輪船招商局的幕後勢力，乃是聚集在他周圍的一批擁有鉅資並對新式企業躍躍欲試的買辦。」他所舉的事實，顯然不能作為結論的根據，因為兩者都只是擬議，並沒有實現。此外，對這些商人也應作具體分析。天津粵商雖然雇搭洋船，是資本較小的舊式商人，在航運破壞後受外商壓迫，他們資金的來源和資本主義的半殖民地式原始積累無關，所以

有發展民族航業的要求。至於「閩、粵鉅賈」，假如是李鴻章所說的「詭寄洋行，幾疑中國之不能自立」的一類買辦商人，那麼他們正在「多方忌阻」，顯然並沒有投資於洋務派企業的要求，而還有待於李鴻章的設法招致吸引。假如是舊式豪商，或是在不同程度上買辦化的大商人，也不會就有投資於新式航業的迫切要求，因為他們不能不一面怕外商的傾軋，一面怕官府的侵漁。事實也很清楚，他們沒有對洋務派作什麼推動。

　　洋務運動的特點當然就是大官僚和買辦的結合。一般說來，具體籌劃確是多半出自買辦。但也要看具體情況，朱其昂時期還沒有這種結合。他自己是舊式商人和運輸業者，並不是買辦。到了唐廷樞、徐潤加入以後，買辦商人才在李鴻章的各項新辦的企業中，佔了重要的地位。但這種情況，到了十九世紀八十年代後期，又發生很大的變化，即官僚自身代替了買辦的管理者地位。至於招商局初期資金來源問題，當然應以朱其昂和唐廷樞二人先後實際招到的股本作為討論根據。這方面材料不夠完備，撇開官府大量資金不說，我們可以推測其中買辦商人的資金應該佔較大的比例，特別是在唐廷樞時期。但也要注意朱其昂本人兼營沙船，他的親友中有很多沙船主人，所招股本中應該有舊航運業轉來的資金。他們所說的「各幫商人

（也就是李鴻章所說的『蘇浙幫』）紛紛入股」，當然不能一概以買辦商人目之。

　　新式企業剛剛興辦的頭幾年中，官僚、地主、高利貸者還不可能直接投資，資金只能來自商人方面，一般商業資本對新式企業還沒有發生興趣。因此詭寄在洋行的買辦資本，就突出地引人注目。但這些買辦商人也不肯輕易捨棄現成的厚利去冒不可知的風險，至於更直接依附洋行的買辦，則最初是對招商局抱敵視態度的，更談不到倡議了。

　　洋務運動發生時期，資本主義在中國的原始積累還在初步階段，農村被破壞得還有限，舊市場還沒有被控制。十九世紀八十年代初才有顯著的變化。近代中國社會中出現的原始積累，是以帝國主義破壞自給自足的自然經濟和控制中國經濟命脈為特徵的。中國資本主義的發生不是由民族資本先有一個長時期的原始積累，而是由於一部分官僚、地主、商人、買辦直接投資於新式事業。資金來源一部分是地租、高利貸和官吏搜刮所得等封建掠奪的直接轉化，這到了十九世紀八十年代，在洋務派企業中，比重就有很大增加。另一部分是西方資本主義掠奪的餘瀝的轉化。這在初期投資中比重就顯得特別大。招商局初期的主要問題是招徠資金的困難，而還不存在哪些人特別急於把自己的資金轉化為新式企業的問題。

二、機器織布局興辦時期的情況和有關問題

十九世紀七十年代中葉以後，北洋系洋務派就注意興辦礦業、紡織和電報等企業，需要大量資金。紡織業的發展經過，對於說明洋務運動和資本主義發展的有關問題，最有關係。紡織業的興辦就是外國紡織品對中國農村家庭手工業有了比較顯著破壞的反映。

有的學者指出，一八七六年，李鴻章開始在上海籌設織布局，幾經波折，直到一八九〇年才建成開工。這個提法，我以為是簡賅確當的。一八七六年李鴻章覆沈葆楨函中說，黎召民（津海關道）再四諷勸創辦機器織布，因令魏綸先出頭承辦。魏到上海會集華商議定節略，由南北洋各籌公款，定購機器，存局生息，再招商股。郭嵩燾也表示贊成這個辦法。可見原議確是出自洋務派官吏。

魏綸先是機械方面的技術人員，不是商人或買辦，但看來當時無論公款、商股，都有困難，所以次年魏綸先赴湖南勘礦。接着，一八七八年，就有候補道彭汝琮的建議。有些學者根據這個提議，強調彭汝琮這個買辦商人的作用，看來未必恰當。因為彭的提議實際是北洋原議的繼續，嚴中平先生最早詳細研究了上海織布局的歷史，推測彭可能是買辦，但並沒有下

肯定的結論。這裏可以補充一條材料。早在同治十三年，李鴻章覆戶部侍郎宋晉函中說「招商局本無委員，亦無薪水，器之似難位置」，可見此人和宋晉有關係，經宋介紹向李求差事被拒絕。後來李鴻章指示鄭觀應，說「彭前道作事虛偽，專意騙人，至窮老而不改」，「窮老」二字顯是說他的情況很潦倒，他可能是買辦商人，但不似擁有重資者。他在上海洋場應該混得很久，但對洋務看來並不很熟悉，也沒有號召力量。

魏綸先籌辦沒有成功，一八七八年冬，彭就擬出章程寄李，稟請承辦，接着就到保定謁見，吹噓自己能籌資本五十萬，這樣騙到織布局總辦的位置。他回上海後，在虹口掛出織布局的招牌，興建廠屋，定購機器，但招不到股份。在保定時，他請李鴻章委太古洋行買辦鄭觀應襄辦。鄭得委札後，再三拒絕不就，並稟辭李鴻章說：「會議之初，觀應言事屬創始，關係中外交涉，同事不必求多，發端不妨小試，尤要在股份本銀，明見實數。……乃彭道所稱集股五十萬明明刊佈章程，……而自始至終未見實際，但以招股望之他人共事者，初不意其如此之虛誕。」可見鄭觀應參加了最初的擬議，當時並無招股確數；所云「事關中外交涉，發端不妨小試」，口氣更像是從官方立場發言。他當時還是太古買辦，但和淮系官僚已有聯繫。在一八七八年的擬議中，他的重要性當不在彭汝琮之下。

　　不能認為機器織布局的創辦，是由商人們已經籌備好了，只俟李鴻章奏准，便可興辦。鄭觀應稟中說「自冬至今，皆於捉襟見肘之時，為剜肉補瘡之計，甚至房租食用，亦須代措。統計觀應所墊已萬餘金，私債挪移者尚不在內」。至於彭汝琮本人，根據鄭觀應稟中描寫他和「新太興」洋行寫立合同定購機器的糊塗情況看來，對洋務並不內行。又說「念其晚節末路，諒能自憤」，與李鴻章所說「窮老」相合。他的資歷高於鄭觀應，所以他任督辦而要鄭襄辦。鄭不但不肯就，而且跟他鬧翻了。一八七九年四月《北華捷報》刊登了該局「最初創辦人中間起了分裂」的消息，大概就是指這件事情。彭的道台銜也被革掉了，可見北洋不把織布局看作單純的商人組織。

　　當年秋間李鴻章委派浙江候補道戴景馮「就近兼理」局務。「兼理」是因為他原有其他職務，這實際就是重新籌辦。戴稟李鴻章請加派吳仲耆、龔壽圖會同辦理。這兩人都是紳士，吳的祖父任過海關道，龔的哥哥也任過海關道，當時官按察使。但戴景馮也無法招股。所以光緒六年（1880年）李鴻章就將原局撤銷，以鎮江官紳翰林院編修戴恆另行籌辦。當年十月申報載《書機器織布局章程後》一文，說到戴恆和郎中蔡鴻儀、候補道龔壽圖、候補道李培松等各認股份五萬兩，並擬「公請」鄭觀應和經元善「任其事」。但光緒七年（一八八一

年）「織布局同人」上李鴻章稟說擬籌資本四十萬兩，戴恆、蔡鴻儀各認招五萬兩，鄭觀應「約同李道培松亦認（即合認）招股份五萬兩，統計二十萬兩，已有實在着落」；沒有提到龔壽圖。看來這是因為李鴻章在一八八〇年來委戴恆總辦，龔壽圖、鄭觀應會辦局務，不久又提升鄭觀應，委他總辦局務，常川駐局，仍隨時和總辦戴恆、會辦龔壽圖「和衷商榷」。看來龔壽圖不肯居鄭觀應之下，就以「未能常川駐局」的理由稟請飭鄭觀應管商務，他自己專管官務。他既完全代表官方，商方出面的織布局同人公稟中不便列舉他的名字，所以數目少了五萬，實際仍是由他認招。於是光緒八年（一八八二年）三月，李鴻章就上了《試辦機器織布局摺》。奏摺的主要問題，是請求出品免釐和十年專利。

這兩項都是根據鄭觀應等一八八一年原稟提出的。鄭第一次稟中只說「上海一隅」不准他人立局；第二次稟又以防止「洋人仿造」為理由，請求所有通商口岸，不准「另有紡織」。李鴻章奏實際是把這個建議擴大到全國範圍內不准另辦，可見李一開頭就把織布局看作北洋的私產。

從織布局興辦的歷史中，可以看出，在八十年代初，新企業資金的籌集已經不像招商局興辦時期那樣困難。除了彭汝琮一籌莫展之外，其餘各人五萬金之數可唾手而得。織布局原議

向北洋借官款五萬，但四十萬款很快招滿了。鄭觀應向李鴻章報告官款已不必借。李鴻章除了嘉獎他一番之外，還說招股多多益善，可以不受限制，結果又多招十萬兩。就資金的來源說，來自官僚地主豪商的財富積累佔了很重要的部分。

李培松是鹽商，輪船招商局在一八七六年收購旗昌輪船時，李鴻章致唐、徐二人函有「前擬由兩淮鹽商等籌集股份，目下南省賑捐，暫難強令添股」之語，很像是勉強攤派，鹽商不很熱心。但到織布局興辦初期，態度就完全不同了。戴恆是官僚地主，龔壽圖原是積極投資者，雖然號稱代表官方，但自己仍必有不少附股。他是新式官僚投資者的代表（後來的龔照瑗、聶緝架等人都是上海海關道，從這肥缺中都發了大財）。蔡鴻儀可能是買辦商人，鄭觀應招股中有不少出於買辦商人。十九世紀八十年代初，資金特別活躍，這自然就是資本主義經濟侵略更深的反映。商人們好景不常，跟隨而來的是一八八三年的蕭條和破產，市面突然緊張。這和中法戰爭有關，但還只是表面的關係，實際是外國資本主義對中國舊式商業資本一場暴襲的結果。大約因為資金周轉不靈的關係，鄭觀應也就在此時挪用公款，一八八四年經龔壽圖揭發，鄭觀應在廣東規避不回，直至一八八七年經淮系官僚江海關道龔照玫清查，鄭觀應才察稱原招股本五十萬兩，其中十四萬餘兩竟是股票押款，另

有現金十四萬餘兩或已放出，或押股票，局中已無現銀。鄭現應就此退出織布局。

織布局此後結束了買辦商人的管理，而由北洋系官僚楊宗濂等先後直接掌握，一八八七年以後，它更進一步成為北洋的私產。

三、十九世紀八十年代後期織布局性質的開始變化

在官局名義下，一些官僚開始辦私人紡織企業，這是中國紡織史上一個新的發展階段，也是討論中國資本主義發展具體道路應該注意的一個重要問題。

過去研究和調查資料中普遍存在着這樣一個說法：在上海，一八九一年就有私人創辦的「華新紡織新局」。所有統計表中也無例外地在一八九一年著錄了這個廠名。但這是難以解釋的，國為它「十年專利」的規定明明衝突，嚴中平先生在《中國棉紡織史稿》中推測，「或許是以其規模之小而被允許的」。近出的專門調查研究恆豐紗廠（前身是「華新紗廠」）的一部著作，不同意這個解釋，而主張，據調查：「華新紡織新局所以能例外核准開設」，是因為龔照瑗和李鴻章的私人關係，「得到李鴻章的特別照顧」。這一說實際上也同樣地不可

通。織布局是官局壟斷，私人根本不許設廠，一旦有了破例（他允張之洞設局，因為是官局，不算破例），專利就不能維持下去，李鴻章豈肯這樣照顧別人。而且此事經奏准在案，李鴻章也沒有權力來「例外核准」一個私營工業的設立。

　　這個問題還牽涉到華盛紗廠成立的最主要情況。嚴中平先生既根據李鴻章原奏，承認他「立意在上海設立一個機器總廠，而由華商多設分廠」，又說他「把上海完全商辦的裕晉、大純諸廠收為分廠」，這兩個說法是矛盾的。目前流行的一種說法是盛宣懷借設立「華盛」之名，強把幾個私營紗廠都吞併了。於是除嚴中平先生所提到的「裕晉」「大純」之外，「華新」當能也被包括在內。這就更說不通了。既然甲午戰爭前已經有許多私人自由設廠，那就不能說洋務運動「窒礙」了民間資本的發展。假如甲午戰爭前，私人紡織廠已經林立，那也不能說《馬關條約》後清政府才不得不允許民間設廠。這樣就引起更大的困難。另一方面，盛宣懷奏稱，他「就織布局舊址設立華盛廠，另在上海激勸華商招股，分設華新、大純、裕源、裕晉等廠，先收股份一半，次第開辦」，他竟敢如此大膽捏奏，不怕商人們的揭發，不是也難以理解嗎？

　　所以這個問題必須重新考訂澄清。實際上，在檔案和其他文獻資料中，從來沒有看到華盛設廠之前有任何私人紡織廠的

名目出現。

　　一八九〇年前後北洋系官僚公然投資，並且把管理權直接掌握，不再假手買辦商人，從此織布局商辦的性質減少而洋務派官僚集團私產的性質愈來愈強了。織布局利潤之大，也是很可注意的。楊宗濂把這個消息透露給局外人，是因為他和翁同龢有極密切的關係，也許這就是後來機器局失事、李鴻章突然派盛宣懷代楊氏兄弟的一個原因。

　　織布局本身需要發展，紡紗廠較易辦而獲利甚厚，所以有淮系龔照瑗另組紗局之舉。名為「局」，仍是官局，即是機器織布局的分局，既有官僚私人企業的性質，又是官局系統中的一個單位（所以只紡紗而有「紡織新局」之稱）。「朱道局」是另一個同樣性質的單位，成立較晚，規模較小，也不是獨立於機器織布局系統之外的。

　　光緒十九年十二月底盛宣懷電李鴻章說：「規覆織局，籌本百萬已有就緒。股東遠慮他日辦好恐為官奪，擬改為總廠，亦照公共章程，請署廠名，一律商辦。」李覆以「總廠應名曰華盛。即會議具稟。朱道局亦應改為分廠」。這兩條材料給我們所遇到的問題提供了很清楚的答覆。民辦為「廠」，官辦為「局」，廠則署名，局則不署。所以無論龔照瑗或朱鴻度主辦的紡織局，本來都不會有招牌。「裕源」「華新」必然都是華盛

開辦後才出現的名稱。

李鴻章指示織布局改為總廠，他局改為分廠，並說「朱道局亦應改為分廠」，就可看到這個紡紗局是在官局名義下開設的。龔局性質當然只能與此相同。但華盛改廠後，仍用「總局」名稱，盛宣懷當然另有用意，華新亦用「紡織新局」名義，這是完全可以理解的。「華新」是新起的廠名。「紡織新局」現在是對「華盛總局」而言。一面已經正式成為私廠了，一面又要沿用局的名稱，無非是盛宣懷要藉此來增加自己的聲勢，對各廠進行控制而已。

前面提到盛宣懷奏中所說的「招股分設華新、大純、裕源、裕晉等廠」，其中華新、裕源已可確定是官局變為商廠，裕源建廠在一八九四年，它的前身「朱局」究竟是紡紗局還是軋花廠，還待考實。大純、裕晉無疑都是新成立的，也都在一八九四年建廠。

弄清這些問題，就可以看出甲午戰爭前幾年中，像紡織業這樣一個重要工業部門的發展道路，官僚集團從直接投資經營發展到分頭設立私廠。這些私廠在官局名義下設立，享受專利和特權的庇護。這些官僚本身也就直接轉化為大資產階級。這就是李鴻章、盛宣懷這一官僚集團所走的道路。這一批官僚中由於利害衝突，發生分化，一些人受盛宣懷的排擠而在政治上

有不同的表現，馬建忠是一例，楊宗濂是另一例。馬建忠經濟力量不雄厚，政治上沒有支援，一推即倒，沒有上升到大資產階級集團中而始終是一個改良主義者。楊宗濂被擠後就想「另開紗局」，當時沒有實現。中日戰爭後他才在無錫設立紗廠，變成獨立企業家，和陸潤庠、張謇等官紳，同樣成為江南新興的民族資產階級上層。這批由官紳轉化的新興企業家和翁同龢關係都很密切，可說是戊戌變法維新派右翼的社會基礎。

洋務派所發展的是否官僚資本主義，這個問題已引起不少的爭論。我以為就其所辦的企業看，從十九世紀八十年代後期到甲午戰爭前，這個趨勢是十分顯著的。就李鴻章個人的計劃說，那更是明顯。一八八五年以後，他一直在打算出賣利權大借外債，從而建立一個由北洋控制的銀行、鐵路、各種企業的龐大系統。所以一八八六年才有馬相伯奉命到美國向紐約銀行家借款「五千萬兩」的驚人消息。劉大年先生的《美國侵華史》中早已提到這件事情。現在我把前後幾年的情況綜合說明如下：

早在一八八四年底，即中法戰爭期間，美國使館派何天爵（Chester Holcombe）到總理衙門說願貸二千萬兩，年息五厘，貸款期限二三十年，以「經營中國所有鐵路」為交換條件。一八八五年初，這個荒謬的侵略建議被總理衙門拒絕了。

但李鴻章就在一八八六年派馬良到紐約和華爾街銀行家們磋商，他們一口氣就「湊齊」五萬萬兩（看來是誆騙），馬良認為「意不可卻」，竟擬以五千萬兩為正式借款，以三萬萬兩為「存款」，「三厘起息」。結果李鴻章回電說，「輿論大嘩，朝野鼎沸，萬難照准」。但借款仍在進行。

美國檔案資料提到一八八七年由費城辛迪加支持的「華美銀行」組織計劃，得到李鴻章的批准。計劃向美國借款八千萬兩，建造鐵路，並辦一個鑄幣局，以「極廣泛的利權」為交換條件，李慈銘《越縵堂日記》光緒十三年（1887年）八月十九日記此事說：「比日聞合肥與美國大賈米建威議開華美銀行於天津，擬借洋債，息銀四厘，立約十餘條。米建威以開礦致富至萬萬，為奸駔之尤，所至竭澤（即『竭澤而漁』），諸國夷商皆畏之。近日漱蘭通政、伯希祭酒皆上疏劾合肥，已有廷寄止之矣」。漱蘭，黃體芳字；伯希，盛昱字。他們都是和翁同龢關係密切的清流派人物。這兩個「疏」很重要，否則不必待甲午戰後的盛宣懷，鐵路利權早已被李鴻章出賣乾淨。翁同龢日記同年六月二日，也記「曾劼剛來談天津銀行事。合肥合同第六、七、八最謬，大抵有鐵道一語在其中」。可見翁同龢、曾紀澤也都反對華美銀行和借款條件。美、李勾結沒有成功。李鴻章官僚資本主義的龐大計劃沒有實現。

　　但是，舉借外債辦法還在化整為零地進行着。一八八九年李鴻章奏，津沽至閻莊一段一百八十餘里的鐵路，就借了英、德洋行債將及百萬兩；他修津通鐵路，又以「五厘輕息」向滙豐借二百萬兩。「五厘輕息」一語說破了李鴻章要大借外債的動機。當時中國資金依舊保持着封建主義的高利貸性質，這是不待言的，但洋債利息，就在當時其他官吏看來，也是負擔不輕的。機器織布局在一八九一年，也由李鴻章作保，向滙豐銀行借債一百萬兩，向英、美訂購新機器價值七十萬兩。利用外資發展官僚資本主義，這是李鴻章所要走的道路。

　　洋務派企業的發展途徑，是從封建性的官僚把持逐漸發展為買辦資產階級性的官僚集團壟斷。織布局時期的「十年不許他人設廠」和華盛設廠時期的「全國限錠四十萬」，無疑都是壟斷性特權的規定。織布局被焚燒的時候，十年專利已經期滿，而且已經不斷受到輿論的攻擊，當然不能簡單地用延長年限的辦法把專利繼續下去。以李鴻章、盛宣懷為首的買辦資產階級已經出現。這一集團中的人自身有投資設廠的要求。盛宣懷、聶緝架的華盛設廠計劃就是為適應這個新情況而提出的。這個計劃對集團中一些人開放設廠權利，同時通過華盛總廠保證北洋的控制，又以限定錠數的辦法排斥私人自由設廠。這樣計劃的官僚資本主義色彩是很清楚的。

　　光緒二十年（1894 年）三月二十八日李鴻章《推廣機器織布局摺》也清楚地說明了這個問題。據原奏，計劃在上海、寧波、鎮江等處集股份設十廠，官督商辦，紗機限三十二萬錠，布機限四千張，連湖北官局的紗機八萬錠、布機一千張，合計共限紗機四十萬錠、布機五千張。照這個計劃，除張之洞所辦官局外，其餘全受李、盛集團「官督商辦」名義下的控制。所以壟斷勢力不是縮小而是擴大了。這樣才有一八九四年鎮江商人的設廠擬議（沒有實現）和同年寧波通久源紗廠的籌辦（1896 年開工）。這些都是在李、盛計劃之內的。寧波本有一個通久源軋花廠早在一八八七年成立，但紗廠的籌設，不能簡單看作是軋花廠的發展。據《海關十年報告》，紗廠當時是由寧波和上海一些「富人」合資三十萬兩準備兼營紡織，經過兩年籌備，才在一八九六年六月開工。這和上海華盛等廠創辦的關係是可以清楚看出的。廠主嚴信厚本人也是淮系官僚，屬於李、盛買辦資產階級集團。通久源在籌辦時期也只能是一個官督商辦的企業，不能看作純粹民營的自由企業。至於四川總督劉秉璋（淮系重要官吏）擬辦的紡織局，本身是官局，更不能說是民間私廠。汪敬虞先生所編的「資料」把這列在「清政府與現代工業」目下，是對的。洋務運動的官僚資本主義壟斷在甲午戰爭前夕是在繼續發展，而不是在縮小自己的範圍給民族

資本讓路。這一點我認為有說清楚的必要。

　　洋務運動是否在窒礙民族資本主義發展的同時，在客觀上起了一定的「庇護」作用？我認為這樣的提法沒有什麼不對，需要明確的問題，在於它主要庇護的是哪些人。當然主要的是買辦化官僚集團，其次是民族資產階級上層，中下層得不到什麼庇護，或者可以說所得十分有限。

　　　　　（原標題為《洋務運動和中國資產階級發展的關係問題
　　　　　　　　　　——從募集商人資金到官僚私人企業》）

戊戌變法

(一) 戊戌變法的背景

一、中日戰爭後中國民族危機的加深和革命形勢的高漲。

中日戰爭後,《馬關條約》訂立,這標誌着列強對中國的侵略進入了帝國主義的階段。馬關條約規定日本在中國有經營工廠的權利。當時日本資本主義還沒有發展到帝國主義階段,還沒有大量的剩餘資本可以輸出。但西方帝國主義各國卻利用中日戰爭的結果在中國進行分裂和掠奪。他們一面進行經濟侵略——爭奪鐵路的修築權和礦山開採權,建立工廠,大量設立銀行來控制中國的金融,對清政府大批貸款,以進行政治投資。從一八九四年到一八九八年,英、德、俄、法四國借給清政府的外債達三億七千萬兩。它們同時公然在中國劃分「勢力範圍」,強佔所謂「租借地」,作為侵略的基地。這樣帝國主義逐漸控制着中國的命脈,進一步支配中國的封建政權,同時

也使帝國主義與中國人民之間的矛盾日益尖銳起來。

當時，德國侵略勢力控制了山東省，沙皇俄國的勢力囊括了東北，英國侵略勢力最大，不但控制了華南和長江流域，甚至於進入西藏，法國的勢力則在雲南和兩廣。

當時，英國在中國控制的地區最廣，政治影響最大，並且掌握着中國海關的行政權。

日本已經侵佔了中國領土台灣，並且把福建劃為它的勢力範圍。日本與俄、法、德之間，從三國干涉還遼起有着顯著的矛盾，主要的還是英、俄之間的矛盾。因此形式逐漸發展為英、美、日的聯合對抗沙皇俄國。

甲午戰爭，美國資本家已經組織了合興公司，進行中國鐵路的爭奪。在美、西戰爭前，各帝國主義在中國剛要劃分勢力範圍的時候，美國正忙於和西班牙爭奪西印度群島和菲律賓群島的殖民地，不能多分力量來侵略中國，因此它在中國沒有搶到固定地區。但鐵路幹線的爭奪主要意義不但在於消極地抵制別個帝國主義的勢力範圍，而且在於積極地使別人的勢力範圍替它服務。合興公司在爭奪蘆漢路（即京漢路）權失敗之後，在一八九八年奪取了粵漢路權。美國雖然沒有得到一個勢力範圍，但它貫串中國心臟的侵略計劃卻值得注意。

從以上所說的情況來看，帝國主義各國之間有矛盾，但是

為了共同侵略中國，保證利潤，避免競爭，國際金融資本又都是合作的。像美國的合興公司與英國的中英公司的合作，就說明帝國主義在加強對中國的侵略之下，儘量求得相互間可能的協調。從德帝國主義侵入山東半島起到一八九八年，是帝國主義列強瓜分中國的形勢逐漸形成的過程。當時英國的外相沙里士倍就曾經公開宣稱：「世界上有兩種民族，一種是活的民族，另一種是快要死亡的民族。像土耳其和中國，人人都有瓜分他們的權利。」帝國主義是如此地沒有忌憚。

在帝國主義進一步加緊侵略中國劃分勢力範圍的時候，也就是清政府進一步投靠帝國主義維持它自己的統治的時候。清朝統治集團中的李鴻章和西太后是沙俄的工具。在北方沙俄勢力高漲，並且取得替清政府訓練華北軍隊的權利。但在總理衙門中，英國的影響依然佔着重要的地位。南方的劉坤一、張之洞等人在中日戰敗後，一度主張聯俄、法以對付日本。但後來經過日本「同文、同種」的宣傳後，卻又改為顯著地親日，實際上就是親英。此外，張之洞也受德帝國主義的影響。所以在戊戌變法以前，總的形勢是：帝國主義對中國的進攻非常激烈，侵略的方法是劃分勢力範圍和在中國尋找官僚、軍閥作為自己的代理人。而中國人民的反侵略、反封建的革命形勢則在高漲之中，湖北、四川、廣西、浙江等地都連續發生農民暴

動。會黨的活動也極普遍，在北方有白蓮教舊系統的各派，在長江流域有哥老會，在廣東有三合會。

這些會黨的活動，表現了中國人民反帝、反封建的鬥爭的進一步的結合。因為中日戰爭以後，清政府的兵力更行腐化，所以當時已無法鎮壓人民的起義。張之洞請日本人練兵，就是因為長江會黨的活躍。像四川大足縣余蠻子所率領的農民起義，就聲勢極為浩大。他們在反教會的名義下，進行反封建的鬥爭。余蠻子的旗幟一出，群眾同聲回應。真是所謂：「飄布所到之處，人民起而隨之。」在義和團運動前，長江會黨已利用「扶清滅洋」的旗號進行農民起義。在帝國主義加緊侵略中國的同時，中國國內的政治生活起了很大的變化，一方面在中日戰爭前已經產生的上層士大夫的改良主義的政治思想有了進一步的發展，表現在康有為領導下的變法維新運動國；另一方面就是前面說到的人民群眾自發的反帝反封建相結合的鬥爭。

當然，凡是改良主義，必然帶有抵制革命的性質。當國內革命形勢高漲時，地主階級中資產階級化的改良主義者知識份子，會感到他們將與皇帝一起滅亡的命運。但是，在當時的具體條件下，變法維新運動主要意義在於要求中國能夠獨立，能夠繼續生存下去。在這個意義上說，這個運動是當時資產階級化知識份子的「救亡運動」，也是符合於當時廣大群眾的要求的。

二、中國資本主義的初步發展和新興資產階級的要求。

中日戰爭使所有「洋務運動」在人民面前全部破產，洋務派辦工業失敗，於是使萌芽狀態中的資本主義有機會反對官辦和「官督商辦」，要求自己的發展。清封建政府不得不給民間資本讓出一條路，但仍沒有放棄對資本主義發展的阻撓。當時盛宣懷寫信給李鴻章說：廣泛給民辦工廠開路不行，如果布都由機器製造，那就要出亂子，賣給外國人的土貨和布可以用機器製造，但卻不能全部使用機器。

一八九七年以後，民族資產階級投資設廠的數目增加了，前後在上海設立了好幾家商辦的紗廠。一八九八年，張睿又在南通設立了有名的大生紗廠。但是，與此同時，英、美、德、日等帝國主義也在中國設立各種工廠，像怡和、老公茂等紗廠，向華商的工廠進行擠軋。帝國主義的商品，在不平等條約的掩護下，進行傾銷。新興的資產階級的經濟力量是極其軟弱的，在政治上也沒有勢力，他們兼受封建勢力和帝國主義的壓迫，而帝國主義的壓迫尤為顯著。從十九世紀八十年代起中國的改良主義者，如馬建忠、陳熾、鄭觀應、何啟等人的著作已經提出發展民族工商業，反對不平等條約的一些部分（如《協定關稅》）和設立議會。這些代表了初期微弱的資產階級的要求，但沒有成為一種政治運動。而康有為等所領導的「戊戌變

法」，不但在思想上有了新的發展，而且成為一度**轟轟**烈烈的行動上的表現。

三、階級關係的變化，統治階級內部矛盾的尖銳。

資產階級學者把戊戌變法看作是清皇朝的帝后之爭，或是新舊派之爭以至英、俄之爭（認為維新派代表英、日的利益，頑固派、洋務派代表沙俄的利益），都沒有從本質上看問題，因而解釋都是皮毛的、不全面的、錯誤的。實際上，帝后之爭，只是當時各種矛盾的一個比較集中的反映。

中日戰爭以後，中國社會的階級矛盾在急劇發展。當然，主要的階級矛盾仍然是地主階級與農民的矛盾。因為中日戰爭的賠款，清政府外債的增加，使統治者更加強了對人民的榨取和掠奪，農民的苦痛日益深重。地主階級和農民之間矛盾的加深，表現在當時許多地區農民的自發鬥爭上，尤其集中表現在後來的義和團運動上。

在這一期間，新興的由地主階級轉化而成的民族資產階級，在數量上有新的增加；他們要求在基本上不改變封建統治的情況下取得發展新工商業的保障。他們的力量仍是微弱的，在政治上也不可能提出革命的主張。

另一部分從地主階級分化出來的官僚買辦階級的力量也因

為帝國主義侵入後更深地培植而增強了，帝國主義的走狗在國內更增多起來。

　　小資產階級一般不滿意地主階級的封建統治，但當時還沒有資產階級的革命團體和革命綱領。因此改良主義維新運動的綱領，能夠得到小資產階級廣泛的回應和支持。

　　社會階級關係的變化，影響到清朝統治內部的變化，代表最頑固最落後勢力的西太后，雖然仍然抗拒任何的改變，但翁同龢、張之洞卻想要改變一下來維持、鞏固清朝的統治。但張之洞與西太后的關係密切，當他發現西太后決心維持舊制，反對維新時，他馬上藉口不同意「孔子改制」學說而脫離與維新派的關係。維新派與洋務派進一步分裂，維新派與頑固派的鬥爭進一步明顯。而這一切矛盾就集中表現在帝黨、后黨之爭上。

（二）維新派的產生和變法運動的高漲

　　一、維新派的主要人物（康有為、梁啟超、譚嗣同和嚴復）及其主張。強學會（北京）活動的失敗和時務報（上海）的發行。

　　維新派的主要人物在行動上起重要作用的是康有為、梁啟

超和譚嗣同三人。嚴復則係在翻譯西洋學說方面有很大的成績。像赫胥黎的《天演論》，資產階級的經濟學家亞當·斯密的《原富》等，都由他譯成中文介紹到中國來。

康有為，廣東南海縣人，生於一八五八年，戊戌變法時已經四十歲。出身於官僚地主家庭，中過舉人，在中日戰爭後中進士。他受的是封建傳統的教育，但接受的是封建哲學中反對程、朱的陸、王學說，沿襲龔自珍、魏源等今文經學派而下，藉《公羊傳》所謂「微言大義」，批評時政，表示自己對當時政治的不滿。在中日戰爭以前，他即已接觸西洋的學說。中年來北京應試，在來京途中經香港、上海，看到帝國主義國家資產階級那一套東西，也看到洋務派和廣學會翻譯的書籍，這些知識與他的公羊學說結合起來。當十九世紀九十年代初，他從北京回到廣東，在廣州萬木草堂講學時，就寫了一本《新學偽經考》。當時的官吏如孫家鼎、陳寶箴都奏請毀版。一八九四年清統治旨終於查禁此書。

中日戰爭後，他又以舉人身份來京應考進士，當時恰好清政府與日本議訂《馬關條約》。於是他聯合在京應試的舉人一千多人，上書皇帝（就是《公車上書》），反對和約。但這次的上書，卻被拒絕呈遞。他中進士以後，又上書主張變法。光緒皇帝看了以後，極為嘉許。接着又有《上皇帝萬言書》，

被頑固派所阻。同年七月,帝黨文廷式出而組織強學會,康有為及其弟子梁啟超,均成為強學會中的主要分子。當時參加強學會的人很多,大都為清政府中資格較淺的官吏,袁世凱、黃遵憲也是會員,袁呼康為「大哥」。每十日集會一次,每次有人演說,又創刊《中外紀聞》的報紙,宣傳維新主張,但因為參加的分子極複雜,所以不能成為政治活動的強大組織。李鴻章的親家楊崇伊參加強學會後,即告密說強學會是「私立會黨」,於是西太后強迫光緒封閉強學會。

強學會被禁後,康有為乃又回廣州,發表他的《孔子改制考》,用他自己對於儒家學說的新解釋,提出變法維新的主張,說孔子本人就進行過「改制」。《孔子改制考》一書,大大震動了頑固派,於是張之洞著《勸學篇》,以「中學為體,西學為用」的主張來反對《孔子改制考》中所提出的變法主張。一八九七年冬,德帝國主義佔領膠東,中國被瓜分的危機益形深重,康復來北京第五次上書光緒,並組織保國會。這次的上書,博得了光緒皇帝的信任。次年他和維新派進入政府,從六月到九月,通過皇帝的諭旨進行政治上的變法維新。

康有為的主張,總的說來就是:(一)在經濟上要求發展資本主義,他們要求開放民族資本的道路,廣泛採用機器製造。改良主義的維新運動當然不可能解決農民的要求,但是也

強調農業應該資本主義化。（二）在政治上要求君主立憲制，開放政權，求選人才，參加政府，實質上就是要求讓新興的資產階級的分子參加政權。（三）提出救亡的主張，保障民族的獨立、生存。他在保國會的演說中曾說：「如果不振作，吾四萬萬之人，吾萬千之士大夫將何依何歸，何去何從乎？故今日當如大敗之餘，人自為戰。救亡之法無他，只有發憤而已。」

梁啟超，生於一八七三年，戊戌變法時才二十五歲。他是康有為的學生，康有為在政治上的主張也就是梁的主張。梁極會寫文章，他發揮康有為的理論，提出「以群為體，以變為用」的主張。他之所謂群，就是士大夫階級。而群的目的就是保國保種，提倡聯合黃種，君民同治，以孔教為國教，反對專制獨裁、外國侵略者及買辦洋務派。變的目的在變政體，方法是廢科舉、開學校、改官制、地方自治，反對變枝節。一八九七年，他去湖南講學，宣傳變法的理論和政綱，對維新運動的推進，起了重大的作用。

譚嗣同是維新派中最激進的分子。出身於官僚家庭，父親譚繼洵是湖北巡撫。他自幼讀王夫之的《船山遺書》，早年就有強烈的民族意識，中日戰爭更刺激他發憤研究並提倡新學。一八九六年，他在南京著《仁學》，每成一篇，必與梁啟超相商。康、梁的思想當然對他有影響，但他卻有他自己獨特的見

解。在君民關係上，康、梁主張君民同治，而譚嗣同卻主張民治，反對君權，反對君臣之論。他說：「君也者，為民辦事者也，賦稅之取於民，所以為辦事之資也。」在對頑固派、洋務派的態度上，康、梁主張妥協調和，譚嗣同卻主張鬥爭。他說：「今日中國能鬥到新舊兩黨流血滿地，方有復興之望。今日但觀誰勇猛耳。」他的思想已衝破封建思想的羅網，接近於革命的主張。

嚴復，福建人，變法時已四十五歲。一八七六年曾遊學英國海軍大學。一八九八年，在天津出版《國聞報》，譯載外國重要政事及名著。所譯赫胥黎之《天演論》，就在報上按期發表。《天演論》中「物競天擇，弱肉強食。」的論點，在當時中國被帝國主義魚肉的局面下，起了促進民族意識的作用。嚴復與維新派有聯繫，在當時，上海《時務報》和天津《國聞報》分居南北輿論界的領導地位，因而嚴復的思想影響不下於梁啟超，但他卻是一個不甘心亡國而又缺乏勇氣的知識份子。因為不願亡國，主張「設議院於京師，而令天下郡縣各舉其守宰」。因為缺乏勇氣，他一面痛恨專制政治，一面又崇拜專制皇帝。在《上皇帝萬言書》裏，不敢提出民權，而只請「結百姓之心」。戊戌政變後，嚴復沒有被頑固派追究，並不是偶然的。

一八九五年，北京的強學會設立後，張之洞見學會勢盛，曾捐銀五千兩充會費。同年八九月間康有為往南京，請張之洞成立上海強學會分會，擔任分會的名譽會長。上海強學分會成立一月餘，會務發達，會員張賽、陳三立、岑春煊等多是維新派有名人士。強學會被查禁後，黃遵憲就上海強學分會基礎上辦報館。出版旬刊《時務報》，由梁啟超任主筆。《時務報》出世，「一時風靡海內，數月之間銷行至萬餘份，為中國有報以來所未有」。一八九七年梁啟超到長沙，任湖南時務學堂總教習，《時務報》仍舊出版，而且一時上海及附近地區出版報章雜誌不下三十種。維新派的影響不斷擴大。

當時在中國的歐美資本家、商人和耶穌教教士，他們希望清政府的政治有某些所謂「近代化」的改革，以便於他們擴大商業，推廣教務，使帝國主義更有力地控制中國。因此在上海、廣州等通商口岸開設報館，並且延請一些維新派名士為主筆。侵略者的用心是十分毒辣的，但這些報紙對當時變法的傳播，有一定的關係。一八八七年，英國教士韋廉臣在上海成立廣學會，會員美國人李住白、林樂知，英國人李提摩太等，用中文著書，介紹西學。如李提摩太譯著之《泰西新史攬要》《列國變通興盛記》《七國新學備要》等書，給中國維新派議論變法以根據。一八八九年，廣學會發行之《萬國公報》多載時事

及中外重大政治法令，供給維新派以變法運動的參考資料。同時這些外國野心家，也注意和維新派拉關係，梁啟超任《時務報》主筆時，就曾兼任李提摩太的私人祕書。這也是維新派對帝國主義存在着幻想的一個原因。

　　二、各地變法運動的高漲。維新派和地方封建勢力的激烈鬥爭（以湖南為代表）。

　　強學會成立以後，各地成立的學會極多，但仍以北京為中心。據梁啟超《戊戌政變記》一書記載，自一八九七年以來，三年中各地成立之學會共二十四處。這些學會的成立，其目的在於影響本地的知識份子，聯繫本地的開明士紳來推動變法運動。各地成立的學會，主要的以湖南的南學會為代表。因為湖南的封建頑固勢力特別強大，以王先謙、葉德輝為代表。南學會會員譚嗣同、唐才常等與封建頑固勢力的鬥爭非常激烈。

　　湖南巡撫陳寶箴父子、按察使黃遵憲、督學江標都是維新派。他們與譚、唐等合作，組織南學會，創辦時務學堂，聘梁啟超為總教習，唐才常為分教習，出版《湘學新報》及《湘報》，籌辦新式水陸交通，開礦，設武備學堂，練民團。南學會會員共有千數百人，省城設總會，各縣設分會。當時正是瓜分危機加深，人心恐慌的時候，南學會認為如果萬一中國瓦

解，則湖南必須保存，以為將來復國的根據地。他們準備組織起來，進行地方自治。湖南大地主頑固派王先謙、葉德輝等人，用各種卑污手段，大舉向維新派進攻，將邵陽南學會的首領樊銳、皮錫瑞父子驅逐出境。各地變法運動的高漲，是戊戌變法的重要基礎。

　　三、一八九八年初康有為提出變法綱領《統籌全局疏》並成立保國會號召救亡。

　　一八九八年德國強佔膠州灣以後，全國陷於被瓜分的形勢中。十一日康有為來北京上書光緒，請「及時發憤，革舊圖新，以少存國祚」。經頑固派多方阻撓，直到次年，光緒才看到他的上書，大受感動，翁同龢也不得不「密薦康有為之才」。於是康有為奉旨專摺統籌全局，提出維新派的變法綱領。他的《統籌全局疏》中開始說到：「能變則存，不變則亡；全變則存，小變仍亡。」而變法的綱領大旨則為：（一）大誓群臣以定國事；（二）設「上書所」以廣言路；（三）開「制度局」以定新制；（四）各道設「民政局」以舉行地方自治。

　　同年四月，康有為等組織保國會，意在團結一切力量，以「救亡圖存，保國保種」。北京、上海設兩總會，各省府縣設分會，略具政黨規模。康有為在成立大會上講演，大意謂：

「二月來，我國失地二十餘處，如再不改變，則將淪為今日緬甸、越南、印度」。此時清朝廷帝黨、后黨的分裂因恭親王之死而更明顯，而以膠州灣事變始，外患危急，亡國之禍迫在目前，因此維新派乃與帝黨結合。至同年六月，光緒帝乃頒佈明定國是上諭，宣告變法。

（三）戊戌變法的經過

　　一、維新派的系別和力量——以康、梁為主幹，主張自上而下的變法，企圖用和平方法在政治上爭得有限的權利以保障資本主義的發展。譚嗣同代表激進派。

　　地主官僚翁同龢、張之洞、孫家鼐等及買辦官僚張蔭桓等和維新派的關係。一八九八年六月，光緒決定變法。封建官僚的翁同龢、張之洞、孫家鼐等，均與維新派有一定關係。但他們僅願意採取挽救封建統治崩毀的一些極有限度的改革，他們都是封建主義的代表。張之洞和后黨關係密切，對康有為在《孔子改制考》中所提出的主張是痛恨的。在一時期內他想利用維新派來推動一些有利於自己的改變，但是後來發現了變法運動超過了他所規定的限度，而且能夠鞏固他的統治地位的不是西學，而是他所取得的帝國主義的支持時，他就決然擯棄了維新派。

　　翁同龢是帝黨的主要人物，但他不敢公然反對西太后。他和維新派是陰合陽違。他日記中始終罵着康、梁的記載，是可信的，因為他是飽經世故的狡猾官僚。他的「變法」主張只是在皇帝「獨斷」下，改革某些封建弊政。對維新派他僅是企圖加以操縱利用，而不希望他們掌握政權。因此他對以強學會來鞏固和伸張光緒的勢力是同意的，但對光緒重用康、梁等是反對的。但翁同龢和光緒的關係很深，他在政府中的影響是很大的，所以在後、帝矛盾發展到尖銳的時候，西太后就不問他對康、梁等人態度究竟如何，而必須先迫令光緒革他的職，並即日驅逐回籍，以便於佈置發動政變。

　　張蔭桓是個買辦性極重的官僚。他與康同鄉，以搞洋務出名，故正途出身的官吏都看不起他，喊他為「洋廝」。他跟光緒很接近。他與英、美的關係甚深，在總理衙門中勢力很大，因此他主要代表英國勢力來參預變法運動。在百日維新運動中，總理衙門對英國出賣了很多利益。張蔭桓本人也不能說是維新派。

　　二、「百日維新」的進行和頑固派勢力（以后黨為代表）的劇烈反抗。

　　當光緒決定變法，召見康有為詳談變法步驟，維新派開始

參與政權時，后黨頑固派也開始籌備政變，反對變法。

　　變法從六月十一日到九月二十一日，共一百零三天，所以稱之為「百日維新」。維新派的楊銳、譚嗣同、劉光第、林旭等四人進入軍機處，皇帝上諭的起草及對奏章的批示均由他們四人經管。康有為任光緒的顧問，梁啟超則主譯書局。所以在變法運動中，維新派所取得的僅為皇帝的顧問及起草上謝的權，而西太后在通令光緒驅逐翁同龢出京之後，立即任命榮祿為直隸總督，統帥董福祥、聶士成、袁世凱三部分軍隊、軍政實權仍掌握在后黨頑固派之手。所以百日維新中一道道改革詔書下來，企圖除舊佈新，但卻因缺少推行上諭的實際力量，在頑固派的反抗下，下面仍陽奉陰違，這些改革並未能切實貫徹。

　　關於除舊的上諭，主要有這樣一些內容：（一）廢八股，改試策論。（二）各省書院廟改設學堂。（三）裁減綠營。（四）裁撤京內外大批衙門、官員。（五）准滿人自謀生計。這些改革勢將奪去近百萬人的飯碗，而二百五十年來久慣寄生生活的滿人在這樣的改革下，突然失去特權，陷入死亡的危境，因此引起各種保守勢力的強烈反抗。

　　佈新方面主要的內容是：（一）辦學堂，首先籌備京師大學堂。（二）設中國銀行、礦務鐵路總局、農工商總局，提倡

各種實業，直到允許私人辦兵工廠。（三）獎勵新著作、新發明。（四）設立譯書局，編譯書籍，報紙一律免稅。（五）准許自由開設報館、學會。（六）編國家預算，公佈歲出歲入，按月發表。（七）廣開言路，不論官民一律得上書言事，嚴禁官吏抑阻。（八）辦農會、商會。

六月間開始變法以來，西太后即同時開始在京津間佈置董福樣、聶士成和袁世凱的軍隊；而在湖南，同時發生頑固派聚眾哄散南學會，毆打《湘報》主筆，謀毀時務學堂的事件。維新派也知道情勢越來越嚴重，所以主張速變。而頑固派的反對也越來越激烈，在九月政變以前，頑固派已在準備下手。

（四）政變發生和改良主義運動的失敗

光緒在百日維新末期，已感到自己很危險。九月初，西太后的親信懷塔布和李鴻章的親戚楊崇伊等往天津與榮祿密謀，預定十月底，帝后同到天津閱兵，舉行政變，形勢非常危急。康有為乃派自己的親信徐仁錄去天津見袁世凱，請其保護光緒，袁也表示同意。日本伊藤博文來北京見光緒後，情勢更緊。光緒密諭康有為等說：「朕位且不保，爾等可有何良策，委速籌商。」康、譚等商定召袁世凱入京。九月十六日光緒召

見袁世凱，擢升侍郎，令專辦練兵事宜。十八日，譚嗣同深夜密訪袁世凱，請他保護光緒皇帝。袁世凱佯為許諾，並說「誅榮祿如殺一狗耳」。二十日，袁世凱請訓回天津，向榮祿告密。當夜西太后發動政變，囚禁光緒，二十一日起，即坐殿辦事，百日維新乃宣告結束。

　　光緒皇帝在百日維新中的作用不應該估計過高，但是也不能完全加以抹殺。他是清朝後葉比較有為的皇帝，他的失敗也就是依靠皇權的改良主義運動在當時所鑄成的失敗。

　　光緒被囚，康、梁逃走，軍機四卿及楊深秀、康有溥等六君子被殺。頑固派在一個月內取消全部新政，恢復舊制。但六君子的血並沒有白流，變法維新運動的失敗，和以後唐才常自立軍失敗後兩湖維新人士二百餘人的犧牲，對以後革命形勢的發展起了很大的刺激作用。它也證明了自上而下的改良主義是走不通的一條路，使知識份子從資產階級的改良主義向前跨進一步，走向了比較明確的資產階級民主革命的道路。

（五）戊戌變法的意義和教訓

　　戊戌變法在一定條件下反映了社會發展到一定情況下的要求──要求資產階級的民主權利。洋務派的官督商辦成為阻止

民間資本自由發展的鐐銬，近代工業無法得到發展，洋務派新建立的新式海陸軍，則在中日戰爭中全部崩潰。洋務運動至此乃完全失去人心。洋務派興辦的工業的失敗，給已形成中的資產階級有機會反對官辦和官督商辦，要求自己的發展，在政治上產生改良主義的民權運動。洋務派新建設的新式海陸軍在中日戰爭中遭受徹底的慘敗，帝國主義瓜分中國的危機日益嚴重的情況，刺激了一部分的統治階級及染有資本主義思想的知識份子，要求聯合一切力量，來救亡圖存，在政治上產生了當時的保國保種運動。

戊戌變法的終於失敗，證明了改良主義是沒有辦法實現自已的理想的。

（一九五四年六月在中國文聯舉辦的中國近代史講座的講稿）

戊戌維新運動的積極意義

（一）戊戌維新運動的性質和意義

戊戌維新運動是近代中國歷史上一次有重大意義的政治鬥爭。從基本上說來，它是基礎於地主階級中有一部分人企圖使自己轉化為資產階級這一事實而發生的政治運動。他們想在封建主義的基礎上，利用原有的政權力量來發展資本主義。因此，就其本質上看，它只能是一種資產階級改良主義運動。但是由於當時具體的歷史條件的決定，也由於維新派以救亡圖存為進行社會改革的前提，這個運動在一個時期內就形成為一個波瀾壯闊的愛國運動，和廣大人民的反抗鬥爭聲氣相通。這樣就使得這個運動具有一定的反帝國主義性質，而成為中國人民反侵略鬥爭的一個里程碑。

同時，這個改良主義運動雖然並不要觸犯封建主義的根基，而且還要借箸代籌抵制人民革命，但是在政治上它要求限

制皇權而給予士紳們以參預政治的權利，使幼弱的資產階級得到政治上的保障並有自己在政治上的代言人，在經濟上它要求發展資本主義，在思想上它要求以西方資產階級的「新學」來代替封建文化裏面最落後的一些東西。這些主張，在還沒有獨立的資產階級與無產階級的歷史條件下，它軟弱地提出了符合社會歷史發展進程的要求。因之不可避免地與當時真正掌握政權的頑固派，發生生死之間的搏鬥。

頑固派和維新派的衝突顯示着階級利益和階級傾向的尖銳矛盾，因而他們之間的鬥爭就帶有階級鬥爭的性質。維新派在這場鬥爭中起了一定程度的反封建作用。這個改良主義運動以自身的失敗教育了群眾，促進了資產階級革命派，因而推動了資產階級革命的進展，這個作用也是應該估計在內的。

所以，就當時的歷史條件看，戊戌維新運動的意義應該說是巨大的。固然，資產階級改良主義的根本性質決定了維新派對帝國主義又反對又存着幻想，對封建主義又要鬥爭又要依附這種衝突矛盾的情況，也就決定了他們必然失敗以及和人民事業相去日遠的道路。但在當時這個運動究竟曾經對這兩個人民的禍害作了一番有聲有色的鬥爭，不同於後來一般實際上站在反革命方面的資產階級改良主義。維新運動是作為幼弱的資產階級在政治舞台上的初次演奏，同時又是作為比較正規的資產

階級民主革命的序幕而出現的。因此它是中國資產階級民主革命整個過程中一個必經的驛站，也就是中國人民反抗鬥爭過程中的一個巨大事件。

（二）作為一個救亡運動的維新運動

「災難深重的中華民族，一百年來，其優秀人物奮鬥犧牲，摸索救國效民的真理，是可歌可泣的。」維新運動就是這樣一個可歌可泣的運動。

針對着十九世紀末葉嚴重的民族危機，維新運動是首先作為一個愛國運動而提出的。從十九世紀七八十年代開始，中國就四面受敵，特別從一八八五年我們鄰邦越南淪為帝國主義的殖民地之後，許多人都感到中國如不急速改變，就要有亡國的危險。孫中山在當時已經認為清朝不可救藥而抱着推翻它的統治的見解。差不多同時，康有為在一八八八年第一次上書就大呼「國勢危蹙，祖陵奇變，請下詔罪己，闔門有傳」，已經是主張變法救亡了。

當然康有為所謂「救亡」，實際上混淆了兩種意義，一個意義是救中國之亡，另一意義是救封建統治之亡。從後一個意義說，他每次上書都強調指出當時人民革命形勢的可怕，而主

張用改良主義的方法，加以抵制。但他的變法主張，主要的還是為了救中國之亡。為了說明這個問題，這裏應該討論一下這一時期民族矛盾和階級矛盾升降情況及其相互關係。中法戰爭後，階級矛盾確實是在逐漸上升，到十九世紀九十年代開始，會黨活動頻繁，革命形勢逐漸發展。經過中日戰爭，直到義和團運動爆發，階級矛盾才算達到了高峰。但與此同時，中法戰爭後，列強環伺中國，英國侵略西藏，葡萄牙進一步侵佔澳門等等，嚴重的民族危機正在發展。總的看來，應該說在這時期民族矛盾比階級矛盾是更重要的。特別是把我們國內社會經濟加速半殖民地化和我們鄰邦朝鮮所遭受的嚴重威脅聯繫起來看，就會更清楚些。

在這時期民族危機也影響着革命形勢，國內階級鬥爭已經開始以反侵略的口號進行。一八九一年震驚資本主義侵略者的長江一帶反教會的鬥爭，實際上也就是會黨領導的群眾反對封建統治的鬥爭。此外，從世界大局看來，一八八四年到一九〇〇年，是資本主義、帝國主義猖狂地重新分割全世界的時期。因此在階級鬥爭和民族矛盾的相互關係上，民族矛盾佔着首先重要的地位。這樣看來，康有為在一八八八年對於形勢的估計，不是過慮，因而在當時他已經以救亡為目的提出變法的要求也是很自然的。

　　救亡是變法的直接目的，維新是救亡主張的內容，這在甲午戰爭後，就更加明確了。甲午戰爭失敗，洋務派割地求和允許外人設廠，開放內地大城市，侵略勢力進入堂奧，空前的民族危機發生了。投降派的擅割台灣，引起舉國人民的憤怒。在全國要求繼續反抗，台灣人民進行壯烈武裝鬥爭的同時，維新派以一千幾百名舉人署名的「公車上書」開始了一個救亡運動。康有為有力地警告說：「棄台民即散天下」。他要求黜退主和辱國擅許割地的洋務派「大奸」們，並把他們明正典刑。

　　「公車上書」的目的，在於提出一個救亡的方案，康有為說：「方今當數十國之覬覦，值四千年之變局，盛暑已至而不釋重裘，病症已變而猶用舊方，未有不喝死而重危者也」。這樣，一個資本主義性質的綱領就隨着救亡的旗幟而被提出來了。這個綱領在「富國、養民、教士、練兵」等陳舊的名詞下提出了嶄新的內容，在當時是有進步作用的。「富國」的資本主義內容在於取消各省的厲禁，允許人民辦工廠，製造機器，發展鐵路輪船等事業，「一付於民」，「縱民為之，由官保護」。「養民」的資本主義內容在於發展工農商業，利用新的科學知識和技術，提高農業生產，講求製造技術上的改良和發明，給予專利，允許民間工廠製造槍炮，並由國家（政府）協助商會和大公司的組織和商業的發展。「教士」的資本主義內

容不在對於科舉的形式上的改革，而在於提倡資產階級專門學問，包括自然科學和社會科學的內容上的改變。練兵目的，和洋務派不同，是為保衛國土，和救亡有關，雖然維新派沒有看到軍隊和政權的關係。當然，不能沒有和這些改變相適應的政治制度的改變，於是，在「求人才」的名義下，提出一種初步的代議制度，就是說這些「人才」不是用老辦法去訪求挑選，而是由每十萬戶推舉一個，作為議郎，他當然不是漢代的議郎而是一種新式的議員了。

這樣的資本主義綱領的主觀目的是為救亡，但它不可能是一個真能奏效的藥方。這個綱領獲得廣泛的傳播，卻正因為它是在救亡的名義下提出的。來自天南地北的一千多名舉人們能夠不加思索地署名在這樣驚人的綱領上，就是為這個緣故。這個文件被繕刻印發，不脛而走，這樣，康有為的政治主張，要救亡必須維新，就發生了巨大的影響。

強學會也就是在救亡的口號下組織起來的。顧名思義，強學會是為了圖強，但不是洋務派只想添置一些西洋船炮的所謂「自強」，而是聯合一部分士紳講習資本主義的政治、經濟、以及其他所謂「專門學問」，藉此在政治上造成一種聲勢來推動變法。

對於當時各學會的性質，康有為在有關文章中都強調造就

「人才」的一面。如他代張之洞作的《上海強學會序》就說「天下之變岌岌哉！夫挽世變在人才，成人才在學術，講學術在合群，累合什百之群，其成就尤速」。要靠資產階級「學術」和「人才」，來挽救中國的想法，我們看來是早已破產了的一種幻想。但我們不能把康有為的主張和後來資產階級「教育救國論」等同起來，因為「教育救國論」是不許青年參加革命活動的反動陰謀，而康有為當時正在尋找一批人向封建主義最頑固的堡壘衝擊或是作衝擊者的聲援。因此，應該從當時的階級力量來考慮他所謂「人才」問題。

當時資產階級還沒有真正形成，維新派沒有可靠的階級基礎，只好向封建士紳隊裏尋找一些有同樣傾向的人們。因此所謂「造就人才」無非是要使這些人獲得一些資本主義知識，成為推動維新的可靠力量。所以梁啟超說強學會兼具學校和政黨的性質，是比較確切的。保國會是在緊急的瓜分形勢下成立的救亡組織，也就是發動變法的基本士紳隊伍，它的政黨性質是更加顯著的。

湖南的南學會和時務學堂也都是救亡運動的產物。由於湖南有了群眾運動的基礎，又有傑出的維新志士譚嗣同唐才常等的提倡，開明官吏陳寶箴等的支持，湖南成為一時維新運動的中心。南學會在省城設總會，各州縣設分會，定期討論政務，

儼然具有議會的性質。1897 年底，在膠州被佔聲中成立的以梁啟超為總教習的時務學堂，特別着重民權思想的傳播，甚至有人祕密印發《明夷待訪錄》《揚州十日記》等書。梁啟超還勸陳寶箴作自立自保的準備，要「使六十餘州縣之風氣同時並開」。因此維新運動在湖南的蓬勃發展，雖然帶有地方的性質，但和全國反抗瓜分救亡圖存的運動是分不開的，而其所起作用也是全國性的。

（三）維新運動作為一個文化思想上的革新運動

維新運動在當時是一個巨大的思想解放運動。這是當時社會生產力要求打破舊的生產關係束縛的鮮明反映，也是民族矛盾和階級矛盾極端尖銳化的結果。毛主席說：「當着政治文化等上層建築阻礙着經濟的發展的時候，對於政治上和文化上的革新就成為主要的決定的東西了」（《矛盾論》）。維新運動就是在社會經濟發展嚴重地受着阻礙的情況下，要求政治文化一些革新的運動。出身於封建士大夫階層的維新派當時還沒有很多的資本主義知識，他們能夠發動這樣一個運動，正是由於他們在客觀上代表迫切要求解放的社會生產力。民族矛盾和階級矛盾的尖銳化也是當時推動這個運動的力量。

　　維新派在當時從事文化的某些革新是一件極不容易的事情。統治中國兩千多年的封建文化，從來沒有被觸動過，而維新派雖然說是向西方學習，卻是很有限的。從西方介紹來的東西，還很少，也不都是有用的。但是維新派的一些人能夠按照他們所看到的當時中國社會的某些要求，從其中吸收一些有益的營養。這種很有創造性的學習，應該以康有為、譚嗣同等人的著作為代表。康有為的《新學偽經考》在學術上推翻「述而不作」的崇古思想，在政治上打擊「恪守祖訓」的不變思想。他的《孔子改制考》以變革和發展的思想來作變法維新主張的根據。他的《大同書》（指最初的稿本）闡明他所理解的歷史不斷發展的思想，指出其最高的發展階段是大同極樂世界。這些都是有積極意義的思想。

　　儘管當時譯書很少，康有為的西方知識多半只是得其近似。但他就能夠提出一套嶄新的、在當時有積極意義的學說，是不易的、但也不足為怪的，因為這是當時社會條件所決定的。新的生產力和極其落後的生產關係的尖銳矛盾，帝國主義對中國的奴役，腐爛的封建機構對中國人民的統治，這些必須改變的不合理現象，促使一個肯正視當前問題的人去摸索中國社會發展的道路和方向。這樣康有為就能夠把陳舊的公羊學說和婆羅門教義化為一時進步的學說，並且以此武裝自己同封建

文化衝擊。

　　我不很同意一些學者着重考慮西洋某些學說（如《天演論》）介紹到中國的年代從而斷定康有為的思想是如何發生和發展的。這樣考慮方法我看是太機械了。康有為完全可以在看到《天演論》以前獨立地達到他大同學說的基本見解。而且在嚴復翻譯赫胥黎書之前，康有為也盡有機會聽到《天演論》的一些內容。《大同書》出版年代很晚，和初稿也必然很少共同之處。但是康有為早有「太平大同之學」，而這是他當時的基本思想，是無可疑的。梁啟超最得力於他的，也就是這個學說。譚嗣同著《仁學》也有同樣的情況，梁啟超說他當時連「盧梭《民約論》之名並未夢見，而理想多與暗合，蓋非思想解放之效不及此」。譚嗣同對西方資產階級學說未必毫無接觸，但梁啟超指出思想解放是他寫成《仁學》最主要的條件，這是精闢的見解。這些都證明客觀存在決定人們意識的真理。康有為、譚嗣同自身思想的得到「解放」，也是當時形勢逼出來的，不是抄襲西洋的結果。

　　維新派當時能夠在打破傳統束縛這方面作出一些成績，也就在於他們按照自己所能看到了的社會需要的標準去吸取西方資產階級民主的文化，作為實踐的工具。當然廣泛介紹的工作對新思想的啟蒙，在當時也是重要的，例如嚴復的一些譯著也

起了很大作用，但他本人仍是一個「不願亡國但是缺乏勇氣的保守士人」，對於維新運動的作用，和康、梁、譚等人就不能相提並論了。

（四）維新運動作為一場階級鬥爭

維新運動作為一場階級鬥爭來看也有它的深刻意義的。

階級鬥爭是推動歷史的力量。戊戌維新運動是幼弱的資產階級對封建主義的突出反動勢力爭取一部分政權的鬥爭，因而也就具有階級鬥爭的性質。維新運動的階級基礎是十分薄弱的，它只能進行一番極其軟弱無力的鬥爭，但是階級鬥爭的性質仍然是維新運動能夠起歷史作用的主要原因。

首先強學會就是這種軟弱的階級鬥爭的表現：一八九五年四月的「公車上書」，是帶有一定的群眾性運動的開始。康有為緊接着提出「合群」「開會」「辦報」的主張就是為了進一步糾集力量，準備向封建頑固派施行壓力。他在《自編年譜》中說：「思開風氣，開知識，非合大群不可，且必合大群而後力厚也。合群非開會不可，在外省開會，則一地方官足以制之，非合士大夫開之於北京不可，既得登高呼遠之勢，可令四方回應，而舉之於輦轂眾著之地，尤可自白嫌疑。」

　　合群，開會，登高一呼四方回應，這幾句話表現了維新派的何等氣概。但在他們的想法中，已經清楚地看出它的軟弱性，因為在北京開會又是為了可以「自白嫌疑」，而且康有為的自述又補充說：「變法本原，非自京師始，非自王公大臣始不可。」這種依靠一定的政治實力的想法，就是自上而下的改良主義路線必然的表現。維新派的理想是依靠皇權，但在還沒有抓到皇權的時候，他們想先拉攏一些政治上的實力派。連當時思想最激進的譚嗣同的看法也是相同的。他得意地描寫強學會說：「內有常熟，外有南皮，名士會者千計，款亦數萬」，把翁張二人看作強學會的兩塊招牌或竟是兩根支柱，康有為也十分重視封建官僚文廷式以至李鴻藻的一個無賴門生張孝謙。但是這些關係都擋不住封建勢力的輕輕一擊。楊崇伊一封彈書就把強學會封禁查抄了，上海強學會的命運更清楚地說明自上而下改良主義的無用。以上海強學會自任的張之洞也就是它的斷送者。兩處強學會的同時但是「不謀而合」（蔡爾康語）地被取消，說明了連這樣微弱的改良主義運動也是當時封建勢力所不許可的。問題並不在於李鴻章或是張之洞個人一時的喜怒，他們的舉動是封建統治利益所決定的。

　　從保國會到百日維新更是一場尖銳的階級鬥爭。

　　德帝國主義的侵佔膠州引起全國的震動，統治集團內部產

生了分化，帝黨后黨的矛盾加劇，當權的頑固派感到沒有出路，暫時收斂一下兇惡的氣焰。一些大臣們感到彷徨失措，也就願意聽聽維新派的方案。這樣維新派就有抓住了皇帝的機會，而直接提出救亡變法的主張。維新派以三年前上諭中的幾句話為根據來組織保國會。保國會提出「保國、保種、保教」的宗旨，進行全國性的（北京上海兩總會）和以省為單位的救亡組織，實際上也就是在廣泛地組織資產階級政黨。保國保種就是保衛國家和民族的生存。「保教」（康有為所謂孔教）在落後的名詞上反映着反對外國教會和奴化教育的積極意義。而且從康有為手擬的保國會章程中，可以看出所謂「保教」在組織會員上的「德業相勸，過失相規，患難相助」的合群作用。這樣維新派內有皇帝外有所聯繫的各地士紳，變法運動就急轉直下，百日維新開始了。

在保國會和百日維新時期，頑固派給予維新派一個寂寂無聞的錯覺。其實他們不但在密切注意着事情的發展，而且在磨刀霍霍地等待着。維新派自身既無確可憑藉的階級力量，又脫離了廣大的人民群眾，處在極其孤立的地位，只是把有志無權的光緒皇帝當作一世之雄的彼得大帝而急急忙忙地發佈了許許多多的改革命令。維新派自己也曾以「狂泉」的譬喻說明保國會的四面楚歌。梁啟超也說京中數將及萬的會試舉人對於他請

廢八股而表示的「不共戴天之仇」。在這樣惡劣的環境中，維新派無法改變它孤立的地位，以至於後來簡直就是作為一個帝黨而謀孤注一擲。而相反的，頑固派卻是以逸待勞地等候着最後決定性的反擊的時機。《定國是詔》下的第四天，帝黨的重要人物翁同龢就被輕輕地開缺回籍了。當變法轟轟烈烈地進行的時候，頑固派已經完成遠遠合圍的部署了。等到維新派發現他們已成為人家的俎上魚肉時，他們就急着想去倚靠一個軍事實力派。這件事實本身正是維新派自上而下的基本路線的必然結果，因而不能看作僅僅是一時失策或是所託非人。但是這樣一來，他們不但授敵以柄也充分暴露了自己的無能，頑固派的毒手就十分容易地把這一場階級鬥爭結束了。

但是，儘管維新派在鬥爭中表現得如此軟弱，他們究竟是作了一番十分勇敢的鬥爭。而且這個鬥爭雖然不是對整個封建主義而是對封建主義中最頑固、最兇惡、最落後勢力的一場惡戰。當時客觀的歷史發展促使生產力要求衝破舊的生產關係，但半封建半殖民地的國度裏，資產階級主要是由封建官僚、豪紳、富商轉化形成的，這個階級的下層力量在這時期更是微不足道。因此，在當時，這個沒有獨立力量的資產階級內就只能由一批有資本主義傾向的上層知識份子來代表，他們的改良主義路線是由他們本身，也是由當時整個資產階級和封建主義的

密切聯繫決定的。但是他們和封建主義突出的頑固勢力是無法妥協的，因而一場惡戰又是不可避免的。維新運動是改良主義運動但又具有階級鬥爭性質，一方面是客觀形勢決定的，一方面又是由於中國資產階級本身「還有在一定時期中和一定程度上的革命性」。維新運動之所以有巨大歷史作用也正由於它具有這些階級鬥爭的性質。譚嗣同等志士們以流血犧牲殺身成仁來結束這一場惡戰，在中國人民反抗帝國主義及其走狗的歷史過程中，寫下極其動人的一頁。

因此在今天我們紀念戊戌維新運動，是因為這個運動，雖然是由有資產階級傾向的封建士紳發動的，但它作為一個救亡運動是和廣大人民通聲氣的，作為一個思想文化革新的運動，它有重要的啟蒙作用，作為一場階級鬥爭，它以自身的失敗和流血揭露了腐朽透頂的封建統治的頑固和暴戾，並且宣告資產階級改良主義的沒有出路。維新派的一些志士在不同程度上表示了敢想敢做和不屈不撓的精神，這樣替人們思想的進一步解放創造條件，同時也替舊民主主義革命鋪平道路。這是十分可貴的。

（原載一九五八年九月二十九日《光明日報》）

第三編

四民社會的革新

太平天國革命後江南的土地關係和階級關係

　　本着百家爭鳴的精神，我試就李文治先生最近發表的一篇文章（《太平天國革命對變革封建生產關係的作用》）作一些探討。文治先生對於太平天國革命打擊封建主義的作用，提出了自己很多的看法，給我很多啟發，也引起我很多疑問。因此我把一些不同的看法提出來，作為質疑，向文治先生和其他學者請教。

　　文治先生着重從封建土地所有制的變化，主要就是土地佔有關係和地主對生產勞動者的佔有關係的變化，來說明太平天國革命對社會生產力發展的推動作用。我認為這裏還需要一個補充：封建社會的農民戰爭具有打擊封建統治的作用，而近代農民戰爭同時又有打擊帝國主義侵略勢力的作用；關於推動社會生產力發展方面，中國封建社會的生產力總是逐步地緩慢地發展着，而半殖民地半封建社會的生產力，總的說來，則是遭

受愈來愈嚴重的破壞而日漸萎縮（這一問題當然也還可以充分討論），所以近代中國才呈現了一窮二白的面貌。因此，我以為不能對農民戰爭在直接推動近代中國社會生產力發展這一方面，提出過分的要求。

一、關於太平天國革命後江南土地佔有情況的估計問題

太平天國革命引起了農村的巨大變動，在太平天國曾經建立政權的地區，土地佔有情況必然有不同程度的變化。但不能設想革命後一時期中農村能維持着自耕農的壓倒優勢，以至於地主土地佔有數量已經是微不足道了。可是有不少學者根據一八八八年鎮江英國領事報告，說什麼「鎮江附近……大地主已不復存在了，僅剩下自耕農。……長江以南十分之九的土地為耕者所有」，從而得出「江南土地十分之九都歸自耕農所有」的結論。文治先生也引用了這條材料，並以一八七七年沈葆楨奏中的一句話，江寧府屬「鄉民自耕自食，每戶不過十餘畝而止」，和另一條關於宜興縣「人少田多，邑無不得耕之戶」的說法，作為補充說明。這是我所不解的。我以為這和實際情況是全不符合的。

　　就材料本身說，我認為英國領事報告是不能含有科學的階級分析成分的，其餘兩條材料也沒有說明什麼問題。因為沈葆楨所要說明的是江寧府本地農民（即「鄉民」）極其稀少，因而地主們必須招徠江北農民佃種土地，並不是說江寧府全部土地已經都是由「每戶佔有十餘畝以下土地的自耕農」來耕種了。而且當時江寧府顯然也沒有這麼多土著農民。至於所說宜興「邑無不得耕之戶」，這些「戶」究竟是佃農還是自耕農，也不清楚。所謂「耕」可以自耕，也可以佃耕，因而也不能說明宜興的自耕農究竟佔有多少土地的問題。

　　還必須指出英國領事報告是在 1888 年寫的，假如從這種材料得出江南土地十分之九都歸自耕農所有的結論，豈不是二十幾年之中江南封建土地制度已經基本上不存在了嗎？這如何可能呢？陶煦《租覈》一書中所描寫的農民受剝削的情況，難道都是虛構嗎？即使把報告所說的範圍限於鎮江府一隅之地（我以為這是報告原來的意思，因為所謂「長江以南」應是指長江南岸，是對北岸而言，並不是指全部江南）。我們也不能想像二十幾年中鎮江府屬「只有自耕農」沒有地主的情況。

　　英國領事報告的邏輯，顯而易見是這樣的：當時江北佔地幾萬畝到幾十萬畝的大地主普遍存在（這倒是確實情況），鎮江沒有這樣大地主，因此全部土地都歸了「自耕農」。他所謂

的「自耕農」顯然是中小地主、富農、中貧、貧僱佃農魚龍不分的混合物。這種材料顯然不能不加批判而直接採用。從文治先生所編的《中國近代農業史資料》第一輯 195 頁上兩張表所列舉的數字，也可看出自相衝突的情況：既然「蘇州佃農佔農戶總數的 80 — 90%」，如何在同時期江南各州縣的自耕地又能「佔全部耕地的 90%」呢？我以為後面的數字顯然是錯的。

二、南京鎮江一帶階級關係和貧農、中農數量較大的增加

為了說明具體情況，下文按照太平天國在各地區建立政權的先後把江南分為兩個地區，即南京鎮江一帶和蘇南一帶，進行具體分析。現在先討論鎮江一帶的具體情況，着重說明客佃對地主的鬥爭和這地區自耕農產生的具體過程。

南京鎮江一帶是太平天國的心臟地區。在革命期間，地主階級勢力徹底被打垮了，農民不向地主交租成為習慣，不少地主逃走死亡，地畝冊籍散失焚毀，不少土地實際上歸了農民所有。但就以這地區而論，也不能認為土地所有權就從地主階級手裏移到農民手裏，而在革命後農民依然保持這些土地了。

從一方面說，這個地區地主階級勢力固然垮了，但是清廷

的鎮壓摧殘也使農民難於堅持生產，甚至難於立足。清軍的江南大營先後兩次迫攻南京，歷時六七年，丹陽以西是長期的大戰場，句容附近殘破最甚。鎮江雖經太平軍從一八五三年起佔領達四年之久，但到了一八五七年又被清軍攻陷，直到革命失敗，鎮江附近一直是太平軍軍和清軍力爭的場所。最後南京被湘軍圍攻，城內外都成了廢墟。因此革命失敗後江寧、鎮江兩府田地荒廢最甚，剩下的農民不多，勞動力極端缺乏。但這並不能使農民得到土地，因為他們不但不能在革命後佔有地主的土地（不論「熟地」「荒地」），而且很多貧農因為無力墾耕自己荒廢的土地而棄地流亡。

從另一方面說，革命失敗後封建政權不但追認而且急於恢復保障地主對田地的所有權。即使長期逃亡在外的地主，在統治者看來，並沒有喪失他們的土地所有權，而從事耕種的農民反而又淪為他們的佃戶。如一八七七年鄧廷楨的後人向兩江督衙稟稱「祖遺田地貳百肆拾餘畝，無從招佃，情願充公」（實際上是企圖減免錢糧），而沈葆楨查出「有田承耕者尚一百七十餘畝」。這就是南京附近原有地主依然保有土地所有權的實例。

從一八六四年南京陷落起，清官方就在南京設局招墾，並願頒佈「權辦抵徵」的辦法：從江寧府開始，「上則田每畝徵

錢二百五十餘文，下則田每畝徵錢一百三十餘文」，以抵錢糧正徵，（即「丁漕原額」每畝原要完納四五百文。）這個辦法後來就在江寧、鎮江府屬各縣推行（抵徵數目各地不同）。這時期這地區的所謂「招墾」，實際上是讓地主在優待條件下認荒地招佃進行墾耕；所謂「權辦抵徵」，實質上是允許地主在荒地未報熟之前減去原徵錢糧的大部分。即便偶有農民也在「無主荒地」上進行墾耕，但墾耕初熟就有或真或假的業主出面認領。因而這時期從江北來的農民實際上都是以佃戶身份出現，不可能得到土地。

到了一八六九年，馬新貽奏稱江寧鎮江等府居「即現在成熟啟徵之田（即荒地已成熟地應照正額交錢糧了），大抵皆同治五年（1866 年）江北水災飢民逃荒南來，經業主給以牛、種開墾者居多……賦出於租、租出於佃。開荒之人因利息無多，往往棄田而歸，業主莫可如何」。這清楚地說明了一八六九年前這幾年中南京鎮江一帶的所謂「開墾」，基本上是在業佃關係下進行的。所謂「荒地」大部都是有主之地，一部分是「無主」而由地主認墾的。客農自己認墾實際極困難。「賦出於租，租出於佃」點出了這裏生產關係的性質。佃農「棄田而歸，業主莫可如何」，說明了這地區階級對立的情況和農民所採取的具體的鬥爭形式。

　　上文提到的一八七七年沈葆楨的報告更清楚地追述了 1869 年以前的情況。這報告着重說明江寧府屬十餘年中招募墾荒的困難「乃求之汲汲，而應者寥寥。實由兵燹之餘、鄉民自種自食，每戶不過十數畝而止。餘地招募客民，（由地主）給以資本，應募者來自江北，土性異宜，加以強悍難訓，費資多而交租少，大約從前每畝收米一石者今只收稻百斤或七八十斤，礱米不能四斗，稍加催索則席捲潛逃，牛具田租均歸烏有。而田已報熟，賦無可躪」。

　　從這些報告所看到的階級對立的情況如下：佃農自己沒有生產工具，由地主供給。地主們每畝實收田租四斗米，還嚷嚷着「費資多而交租少」（沈葆楨奏），強迫農民交租。但這四斗米的田租對開墾荒地的佃農實際上不是很重的負擔。於是他們經常採取「棄田而歸」以逃避地租（馬新貽奏），並採取把收穫穀物和地主的耕牛、農具一起帶走的鬥爭方式。農民這樣反抗地租剝削的鬥爭，形式雖然比較溫和，但其性質依然是反抗封建土地所有制的鬥爭。可以看出這個地區地主階級力量雖然在鬥爭中被削弱了一些，但是階級分野還是很清楚的。

　　至於這地區地主階級重立爐灶的經過也很清楚。革命失敗後地主還鄉認地了，官衙的簿籍雖然焚毀，地主的契券雖然失落，但封建政權就是他們的工具，當然不會對他們認真查究這

些東西，而且有「經造」之類的胥役給他們作證明。倒是有不少地主為了逃避交納虛糧，暫時不肯露面，而封建政權反要主動去找他們，給予優待條件去招佃墾荒。許多原主已經死絕之地也有親族冒領，惡霸強領，一面招佃，一面扔荒逃賦。這樣，這個地區也發生了所謂「侵用田產」的嚴重情況。不論業主是真是假，封建土地所有制和地主階級的統治是很快地被恢復起來了。

至於農民方面，特別是外來佃戶，在相對而言仍然沉重的地租壓迫下給地主墾種荒地，鬥爭的情緒很高，要求得到土地的心情十分迫切。統治者也看清了這一點，馬新貽在一八六九年因為「荒地」久久不能「成熟」，錢糧老是徵不到手，就說「蓋墾種荒田，類皆窮苦農民，圖為己產。如有原主，則明知此田不為已有，安肯賠貼心力，代人墾荒」。所以他建議「必以無主之田招認墾，官給印照、永為世業，仍自墾熟之年起，三年後再令完糧。此等墾戶即屬業主，必不肯捨之而去，久之即成土著矣」。馬新貽的建議和浙江已推行的辦法相似。地主階級因為一時還不能以強制手段控制外來農民，所以採用暫時羈縻的辦法，這是農民以拋地方式進行鬥爭取得的結果。在這情況下新自耕農的身份才開始被承認，部分農民才逐漸得到印照領到土地。

　　這時期江浙皖贛各地區新產生的自耕農，數量很不平衡，過程和先後也不一致。就江蘇省數量說，南京鎮江一帶較多，蘇松一帶就較少。就過程說，南京鎮江一帶自耕農較早地允許他們通過招墾取得土地，或許說，承認他們通過墾耕取得土地，而安徽的廣德、寧國等地就遲到光緒初年（即 1880 年前）才通過墾耕取得土地。這都是農民不斷鬥爭的結果。

　　南京鎮江一帶農民鬥爭的勝利，和這地區階級力量的對比有密切關係。這地區破落的地主們回來之後，業荒佃散，在短期內難以重振旗鼓，階級力量較弱，政治威風也樹立不起來。地主中又有一部分是竊據冒領田地的，這些人名分未定，做賊心虛。地主階級雖然掌握地方政權，但還沒有控制客籍佃農的力量。對於客佃拋地的鬥爭，他們顯然無法對付。客佃從江北來，數目眾多，團結力強，和自己家鄉只是一江之隔，容易進行拋地回籍的鬥爭。因此，這樣形式的鬥爭在這地區特別容易見效。從根本上說來，農民取得勝利是由於太平天國革命沉重打擊地主階級和封建土地所有制的結果，但這結果畢竟要經過農民的繼續鬥爭，才能成為現實的東西。

　　一大批農民經過階級鬥爭和生產鬥爭得到土地的這一事實，是太平天國革命作用的具體化。但必須說明當前所招墾，不論在有主無主的荒地進行，都是以封建土地所有制為基礎

的。有主荒地的招墾就是封建政權協助地主招佃。無主荒地的「認墾」，不只農民，也有外來的地主，因而也還是有佃農。在一些地區外來地主佔有荒地的情況，尤其顯著。假如以為客籍農民取得土地就是無主荒地之上封建生產關係不佔重要地位了，那是不對的。而且即使農民認墾得地了，也依然要迅速地失掉的。

再者，「自耕農」的含義也不明確，我在本文中沿用，只是為了討論。我所說的「自耕農」主要指貧中農。

三、蘇南階級關係和所謂「永佃權」問題

現在再就蘇南一帶的情況作一些分析，附帶討論一下所謂「永佃權」的性質問題。

蘇南本來是封建地主階級的腹心地區，蘇州是全國封建勢力最大的堡壘之一。經過太平天國農民戰爭的掃蕩，地主階級也受了沉重的打擊。但是太平天國控制這地區時間較短，大地主以上海租界為淵藪，建立對抗的中心。留在當地的地主勢力還是很大，不斷進行破壞活動，有些地主還向農民收租。在革命末期，蘇州被清軍攻下的前夕，地主就猖狂地進行類似「還鄉隊」的組織活動，由李鴻章幫助開設收租局。一個蘇州紳士

王炳燮在當時上書李鴻章說:「乃蘇城逆賊尚未退出,長洲、元和等縣紳士忽有設局收租之議,每畝收米六斗」。「分租為三,一以贍軍,一以善後,而自取其一」。他說:「此僅係成熟之區……所收斗石,(農民)目前賴以存活,來春藉以接濟。……且每畝收米數斗,轉眼之間依然飢餓。」他建議「停開租局」,限「城居業主」畝收一斗。這種意見當然不會有什麼作用。蘇州一陷落,地主階級就向農民張牙舞爪勒逼收租。來勢洶洶,遠在他處之上。

革命後蘇南基本情況是;地主佔有十分之九的土地,本地佃農數量多,土地一部分荒廢,勞動力也缺乏,但不如江寧鎮江一帶的嚴重,不迫切需要從外地招徠大量客佃,(王炳燮述當時情況「蘇府各地田地自種者十不及一,佃耕者十不止九。」)地租剝削量大,減輕只是暫時的辦法。農村地主受革命打擊很大,城市地主在革命期間城中產業多被農民政權沒收,但他們和新興軍閥密切勾結,形成新的彈壓勢力。

革命後,蘇州出現以城市地主為骨幹的有組織的封建勢力。在上海充當李鴻章策士的馮桂芬在頭幾年中是他們的指導者。潘、顧兩家大地主是他們的頭子。城市的地主們在他們的指揮下共同策劃統一行動以對付農民。地方政權由他們直接驅使,對農民進行壓迫。城市地主比鄉間受革命打擊而顯得沒落

的地主兇惡得多。地主階級對農民的壓迫首先表現在堅持沉重的封建剝削。革命一結束，租額問題就成為當時階級鬥爭的迫切問題，也是中心問題。1864 年革命結束後清政府准減蘇、松、太地區糧額，實利幾乎全歸地主階級。

據一八八一年城市地主頭子潘遵祁、顧文彬、潘曾瑋等的報告說：「同治三年恩減漕糧，城中紳業，格外體恤，將業主應免十分之七，盡數蠲入佃戶。而鄉業將佃戶應免十分之三，概行吞沒入己」。鄉下地主把所減糧額全部攫為己有，佃農沒有得到絲毫好處。就這點論，這報告卻是很好的見證者。但城市地主果真這樣慷慨嗎？王炳燮給馮桂芬的兩封信中把這個祕密和經過說得很清楚。王炳燮這個很會精打細算的地主階級理學家，是力主「減租」的人。他向馮桂芬再三陳說「減租」，要這個地主階級的政治代表和潘、顧等大地主商量辦理。他給馮桂芬信中說到，當時清政府規定糧額普減三分之一，從每畝一斗八九升減去七八升，照規定「業七佃三」，佃戶只能從租額減去二升多。

當時租額極高，如吳縣的徐莊、塘橋，元和的車坊、角直等處，「多有一石五六斗額」。因此佃農只減去二升多，僅佔租額五十分之一。而每畝全年收穫量只有二石左右（陶煦說三石），至於瘠地只有一石二三斗。地租剝削量是 50—60% 甚

至 70 — 80％」，這是十分驚人的。因此階級關係十分緊張，佃農無法生存，普遍抗租欠租。結果如王炳燮所說：「向來租額雖屬有定，然遞年收租，鮮能及額。即如上年各業收租，量減成數，以七成八成為率，實收租米多者不過五六成。少者才及三四成。」他說「所謂租額不過紙上虛名，何如明減以為鼓舞佃農之計，亦以予為取之一法」，「以予為取」四個字說破了地主階級何等狡猾，何等毒辣，把收不到的租額減去一部分，然後振振有詞地向但戶固定實收一石二斗的高租。地主實得絲毫沒有減少，而轉以為勒索農民的手段，「減租」的陰謀就是如此。

封建政權所誇口為蘇松減漕的大德政，不論城鄉農民都是一點沒有得到的。但即使是這種名義上的虛減，也不是由於地主的自願同意，而是也經過農民堅持抗租欠租鬥爭才能得到的。

在革命後，蘇州府屬的階級矛盾仍是尖銳的。當然到了十九世紀七十年代後期和八十年代初期，由於土地兼併的激烈進行，也就是由於官僚地主不斷擴大土地的佔有，農民受到更厲害的剝削壓迫，階級矛盾就更加發展。當時蘇州的土地兼併，主要是官僚地主（在蘇州一般稱做城市地主）對政治經濟力量較小的地主（鄉間地主）的吞噬，因為十分之九的土地早

已被地主階級佔有，剩下的土地很少了。1884年陶煦在《租
覈》中說，「田日積而歸於城市之戶」，即是說由「鄉戶」業
主轉到「城戶」業主手裏，就是官僚地主手裏。從「自耕農」
手裏轉到地主手裏當然也有，但不是這次兼併高潮的特點。

太平天國革命時期，在蘇州農村中，地主受到極其沉重的
打擊。王炳燮所說的「鄉居豪姓，坐視佃農苦瘠，漠不動心。
殘忍刻薄，恣意徵求，怨恨之氣漸釀成劫運」。證實革命前蘇
州鄉間惡霸地主特別多，特別厲害。同時期住在城市的地主們
尤其是官僚地主，也在革命中受到十分重大的打擊。但在革命
後，城市地主挾着政治上和經濟上的力量，對農民進行更兇惡
的壓迫。他們同時也在地主階級內部實行大吃小的辦法。但因
此，農民也就遭受更大的壓迫，階級矛盾也就更加尖銳化。

1881年吳縣、長洲、元和三縣會稟藩司說：「業戶收租，
城戶較鄉戶為厲。」因為他們在城裏沒收租櫃，限期收租，交
租要「折色」（即折銀或錢），不要「本色」。太平天國革命
後蘇州「折色」的風行和田地集中於城市地主手裏這一事實，
顯然有密切關係。鄉間仍是收實物。「折色」就當時具體情況
說，是對農民更大的封建剝削。農民到期不能交納，地主就派
人帶胥吏下鄉勒迫交租，造成許多刑事案件。所以蘇州「三首
縣」呈請巡撫、藩司、臬司考慮下令禁止城市地主直接下鄉催

租，而由官方派「經造」代催。於是以潘、顧等家為首的大地主們就糾合「眾紳」，上了公呈，大肆咆哮，極力反對。這次地主階級內部的爭吵，是地方官和豪紳爭權奪利的爭吵，也清楚地說明「紳業」和「鄉業」由於土地兼併而引起的矛盾。假如把這次兼併解釋為新興地主兼併絕大部分屬於「小自耕農」所有的土地，那既不合事實，也無從說明當時所發生的許多具體問題了。

太平天國革命後蘇南以官僚地主（城業、紳業）為骨幹的封建統治勢力以馮、潘、顧等人為代表，是和直接參加絞殺革命的英、美侵略勢力直接聯繫的。我以為不能採用文治先生的說法，以「地主階級政治社會地位的沒落」和「農民社會地位的提高」來說明這地區階級鬥爭的普遍存在。這樣提法本身也不恰當。假如說由於「地主階級社會政治地位的沒落」，農民才「敢於鬥爭」，那麼一切農民革命都無從發生了。誰都知道，決定農民必須進行鬥爭的是階級矛盾，是剝削制度，而決不是地主階級政治社會地位的升降。而且籠統地說太平天國革命後地主階級地位降低了，農民地位提高了，也是缺乏分析而沒有明確意義的說法。

「封建土地所有制的削弱」，「農民個體所有制的發展」和「經濟外強制關係的削弱」這些一般的提法，也是可以討論

的。太平天國革命結束後的一段時期，是列強在中國建立半殖民地半封建統治秩序的年代。在侵略勢力和地主階級結成聯盟的統治下，這時期封建土地所有制和經濟外強制關係如何能說是被削弱了呢？顯而易見，太平天國革命後蘇南農民欠租、抗租鬥爭的風行是階級矛盾的清楚反映，也是中國受侵略勢力摧殘而日趨一窮二白的反映。

我同意文治先生所說的太平天國對於農民的「精神面貌」留下了深刻的影響，但這是由於這樣一次農民革命鼓舞了農民的鬥志，豐富了農民的鬥爭經驗，也加強了農民的階級意識，而不能說是由於這個革命就此改變了農民階級和地主階級的相互地位。革命後農民仍是沒有社會地位可言的，他們所處的是農奴的地位，是死活問題決定他們必須堅持鬥爭，不是地主階級成了落水狗了農民才敢起來打擊它。

蘇南農民的反抗鬥爭有豐富的經驗，也有具體的持點。抗租鬥爭到處發生，地主每次收租都要遭到反抗。這一面說明了這地區封建剝削的特別殘酷，一面又說明了農民鬥爭經驗的十分豐富。一般說來，鬥爭是有效的。正是這樣持續不斷的、十分普遍的鬥爭，使農民們能夠在封建主義、侵略勢力的雙重剝削下生活下去，在幾乎不可能的條件下進行生產。鬥爭普遍的情況有 1876 年吳江縣令的《勸民還租歌》為證。歌的頭一句

就是「莫欠租，莫欠租，欠租之人吳江多。」這個知縣恐嚇農民說：「抗租終是要還租，枉受官刑何值得。」但是農民是有豐富的鬥爭經驗的，陶煦《租覈》中說，「往往一差船至鄉，則鄉中之力不能完租者爭赴縣，甘死杖下，曰：吾輩有人而無錢也。至人眾船力不能容，而隸役反無能為計。」

　　農民在長期鬥爭中十分清楚眾志成城的道理，用現在話說就是「團結就是力量」。地主階級最怕的也是這一條。馮桂芬在一篇《罷關徵議》文中說「州縣浮收往往滋事，而關徵則否者，農心齊而商心不齊也」。馮桂芬所領略最多的也就是蘇南農民的鬥爭（主要還是太平天國革命前的）。「同仇敵愾」應該說是農民鬥爭的普遍經驗，但在各地區，農民結合具體情況創造了多樣的鬥爭方式，如蘇南也有「拋荒」的鬥爭。所謂「拋荒」，就是讓地主一粒也收不到，使地主不得不仔細考慮一下現實的利害得失。一八七七年有名的澝墅關抗租鬥爭，就是拔稻大暴動，也逼使地主退讓。除了武裝鬥爭的豐富經驗外，應該說中國農民所採取比較溫和形式的鬥爭，也是多種多樣的。

　　關於永佃制問題，文治先生作了較多的說明。對永佃制的性質，文治先生既說「永佃制把地權分成兩部分。蘇州叫做田底權和田面權，田底權為地主所有，田面權為佃農所

有。……在永佃制度下，地主和佃農分別出賣他們的田底和田面。……由此可知，在永田制度之下，農民可說是對土地握有部分所有權的」。同時文治先生又說「永佃制本質上還是一種封建的租佃制度，在此制度下地主階級仍舊向農民進行封建剝削。」這兩個說法本身就是不相容的。既然本質上是封建租佃制度，何以農民又能握有部分的所有權呢？假如農民的確握有一部分的所有權，那地主所握有的只能是不完整的所有權，封建制度就基本上動搖了，甚至瓦解了，所謂封建租佃制度豈不成為空話了嗎？假如再加上文中所說的百分之九十的土地已歸農民所有，那就更難想像蘇南還有封建土地所有制了。

我以為所謂「永佃權」或是「田面權」不是地權，也不構成一般所謂使用權，而是由實足的封建剝削關係決定的租佃制度的一種表現形式。離開封建剝削關係，離開封建土地所有制，根本不可能有一般租佃關係和這種比較特殊租佃形式的存在。把地權分為兩部分的說法，雖然有《租覈》等書為據。但這說明是不科學的。所謂「田面權」所起的作用，只能像文治先生自己所說的，使「農民減少了隨時失佃增租的威脅，……有了一定的保障」而已。

但這個保障也只是相對的，也正如文治先生自己所說明的，永佃制的土地是「地主階級競相爭奪的對象」，因為根

據《租覈》所載，佃種這種土地的農民「一身之所事畜，子孫之所依賴，不能捨而之他」，因此地主就利用這一點「增其租額，高其折價，延其限日，酷烈其折辱敲吸之端」。因此即使這種租佃形式在一定程度上有保障農民佃種的作用，而主要方面還是有利於地主的剝削榨取的。

而且從《租覈》一書看來，並不能肯定說，地主利用永佃制進行更大的剝削這一事實是從一八八四年才開始的。這部書雖然在一八八四年寫成，但書中所說的許多情況都是早已存在的，不過嚴重的程度有所不同而已。永佃制的普遍推行，一般說法在太平天國革命後，但不論江北和江南，顯然在革命前已經都有這種形式的租佃制度（當然這個名詞在歷史資料中已著錄過了）。江北產生永佃制的原因比較清楚，很多貧民為漕糧所困，因此把土地廉價賣給地主。在田面、田底的名義下分擔糧額，這和太平天國革命無關。江南這種租佃關係最初產生的原因看來也是和漕糧分不開的。

據一八八三年《申報》記載：「聞蘇州之田，向分底面，租戶與田主各半完糧，而納租最苦，計一畝之田須納麥租二三斗，穀租米一石四五斗，歉歲則遞減之，較之吾越吃虧太甚。」既說「向分」，可見這是由來已久，不是十九世紀八十年代初年才開始的。以「各半完糧」為主要條件，這和江北情

況是一致的，而且這似乎是發生在減漕以前，也可以想像是在太平天國革命之前，我的想法當然還只是一種假設，需要繼續調查研究才能得出結論。但無論如何，在永佃制的名義下，蘇南租額之高是驚人的。「麥租二三斗，穀租米一石四五斗」，恐怕應該說是達到最高額了吧。因此就江南看來，「永佃制的地租也比一般地租為輕」的說法，還是要考慮的（別處具體情況可能不同）。從剝削量看，我們也不能不說所謂永佃制就是一種十足的封建土地剝削制度。

太平天國革命後永佃制在各地盛行的具體原因，不盡一樣。如安徽各地是由於客民在地主原有土地或佔有荒地上開荒，而由地主「給予名分上的優待」。湖北、江西由於有一些農民逃避捐稅，將土地廉價出售。有些地區，如徽州，地租可能因為某種特殊情況而較輕，但這個制度的性質都是一樣的。土地改革時期所得到的大量材料是可以充分說明這個問題的。

在十九世紀七八十年代之交，由於蘇州地主們加緊兼併，加強剝削（折色是一種手段），蘇南農民的確被加上了沉重的負擔。至於永佃制性質是否有前後的不同，我以為是沒有的。我們並沒有資料可以說明它有什麼改變。《租覈》也沒有確說地主爭奪有永佃制的土地是從十九世紀八十年代開始的。因此我很難贊同文治先生「永佃制隨着封建政權的鞏固，地主階級

社會政治權勢的重新囂張而改變了性質」的說法。

　　我完全沒有也不可能回答如何具體地說明一次農民戰爭所起的作用這一問題。我只希望所提出的一些看法能夠間接地多少有助於這一問題的討論。我以為要有具體說明就不外乎以理論為指導對歷史實際進行具體分析。但這並不容易，也就是問題所在。我上面所指出的若干看法，必然有不少錯誤，有的假設自己也無從證實。我心目中所想像的江南農民情況和歷史的真實情況必然有很大的距離，因而所試作的具體分析也就只能是一種擬作。但我希望通過這擬作得到大家的教正，來縮短自己的想法和歷史實際的距離。同時我感到近代史上的許多問題，如本文中所涉到的各問題，還是可以通過實際調查而得到解決的。特別是已經掌握很多資料的學者就更有條件來進行、完成這些工作。這也是我提出問題來和文治先生筆談商討的一個目的。

　　　　　　　　　　　（原載 1961 年 2 月 2 日《光明日報》）

論鄭觀應

　　鄭觀應是我國早期講求新學的一個極有影響的人。他所著《盛世危言》一書，在十九世紀末，甚至二十世紀初，對中國的知識界都起了很大的推動作用。他的若干觀點，比較鮮明地代表了早期民族資產階級的要求。在中國近代文化史和經濟史上，他的地位都很重要。但是我們還沒有對他的發展道路和貢獻作專門性的研究和批判性的評價。他的一生經歷比較複雜，有關資料未經整理，不但沒有專傳，連留下的一張履歷也還存在着不少問題。他的作品屢經刪改，無論早期的《易言》和後期的《盛世危言》都有許多不同版本，這也增加了研究的困難。更重要的，當時正處在社會、階級發生變化，資本帝國主義勢力步步侵入的時代。階級矛盾開始複雜化，民族矛盾日益尖銳化。把這兩個重要因素和他的作品聯繫起來，考察和探討他作為一個半封建半殖民地社會的知識份子的發展道路，從而吸取其中的一些經驗和教訓，在今天是有積極意義的。

對於鄭觀應本人及其思想的評價，也存在着一些需要討論的問題。例如，他既出身於買辦，何以又能代表民族資產階級？他既長期替洋務派服務，何以又是和他們分道揚鑣的？他後期和盛宣懷集團的關係如何，並應如何解釋？他向西方所學習的、所吸取的東西究竟應該如何評價？二十世紀初期是資產階級改良主義已經到了破產的時候，他的新學何以還能起一部分積極的影響？這些問題都需要回答。我想在本文提出一些初步看法，由於自己理論水準所限，答案未必妥當，希望能夠引起討論，得到教正。

一、鄭觀應何以不同於唐廷樞、徐潤等買辦？

就鄭觀應一生的主要經歷而言，他和唐廷樞、徐潤等人大致相似，但又有重要的區別。唐、徐二人原都是英國洋行買辦，後來投入北洋系洋務派集團。唐從一八七三年經管招商局起，一直受李鴻章的信任，特別是後期從一八八五年起專管開平煤礦，直至一八九二年死去。他是從買辦階層轉化為早期官僚資產階級集團中人物的一個典型例子。徐潤從一八七三年起經管招商局達十一年之久。鄭觀應則於一八八一年兼開平會辦，並於一八八二年負責經管安徽貴池煤礦（這也是北

洋企業，其中有招商局投資）。一八八三年他因虧空招商局款，被盛宣懷乘機擠走，並將家產賠累一空。此後幾年之中他很失意，一八九〇年才由粵督李瀚章委辦香山縣天華銀礦；一八九一年，大約由於唐廷樞的助力回到北洋，會辦開平局林西煤礦；次年又由李鴻章札委總辦熱河建平等處金礦。唐廷樞死後，開平由張翼掌管，這個醇王府的人和他無甚關係，對他不很倚重，金礦開採成績也不大。一八九六年署北洋大臣王文韶札委他辦理永平府屬各處金礦。一八九七年，英國資本家摩賚陰謀承辦各處金礦，李鴻章命他去磋商，其實即出賣一些礦權。但以清政府不許，沒有開議作罷。次年，他被榮祿札撤永平局差。此後他自己在滬粵經營，直到一九〇三年，受袁世凱委回上海會辦招商總局。一九〇四年商部派他充上海商務總會協理，實即袁藉他抵消盛宣懷對滬商會的控制。一九〇七年初袁黨楊士琦離招商局總辦職北上，袁又札委徐代理。在這三年多的時間中，他事實上成為袁世凱的徒黨。在一九〇六年和一九〇七年之交，他在袁盛爭奪對招商局控制的最後較量中，拉攏一些香港股東替袁世凱出力而失敗，自己也失去袁的信任而被撤差。

　　從鄭觀應的一生看來，儘管他沒有像唐廷樞那樣順利地鑽入北洋系集團的中心，而有宦海浮沉之感，但他也並沒有民族資產階級的色彩，而是和唐一樣屬於買辦性的大資產階級，並

一貫為該階層服務。

　　鄭觀應從一八六〇──一八八一年（十七歲到三十八歲？）在上海業商，曾兩度充任洋行買辦，中間自己經營商業前後約二十年。據他自己所記經歷，年十七應考不售，赴上海習商，可知其原是封建知識份子。後來他入寶順洋行，營絲樓，兼營輪船攬載。年二十六（一八六九年？）寶順停業。其後六年中，他先改充茶棧通事，繼而接辦和生祥茶棧，又投資外商興辦的「公正長江輪船公司」，被外國商人士多達等推為董事之一。同時，他還兼營榮泰駁船公司。在這類輪船公司中當然不能產生民族新航業。所謂「公正長江輪船公司」名為華商與外商合營，而實際權力操於外商。鄭既是藉外商之力推為董事，則可知這個公司也並不是以一方華商和另一方洋商這樣平等聯合組織形式。因此儘管有人強調，唐廷樞系這個公司中「粵人股東們的發言人和領袖」，並被他們推為董事，看來這未必符合事實，更不能因此而否認其中華股依附洋行的性質。當時英國怡和洋行輪運被美國旗昌洋行擠出長江，這個公司正是怡和吸收華資開辦，使英國侵略利益在這些商人幫助下進入長江，所謂華股的買辦性是十分明顯的。鄭年二十九（1872年）因和生祥茶棧停業，改當揚州寶記鹽務經理。這時他成了舊式商人兼買辦商人。其後七年，從一八七五年（他年三十二）到

一八八一年，他一直任英國太古洋行在上海開辦的輪船公司總理，兼管棧房。這時期他在長江各埠開設為太古服務的攬載行，並在牛莊、汕頭等處開設「代客辦貨」的北永泰商號，也就是採辦東北豆餅運往汕頭轉向香港出口的貿易行。同時他還開設恆泰錢莊。所以他既是洋行買辦兼進出口商，又是舊式商業資本家，而主要身份，則仍是洋行買辦，和唐廷樞、徐潤一樣。

　　但是，即以十九世紀六七十年代而論，鄭觀應和唐、徐的分別已是十分顯著的。唐原在香港受殖民主義教育，歷充英國殖民政府和法院職員，繼到上海海關任書記和翻譯。一八六三年他一加入怡和洋行就充任總買辦。一八七三年他兼任外商經營的三個輪船公司（包括上述的公正長江輪船公司）的董事，而這些公司據當時外人報導說都很得力於他而辦成的。十分清楚，他是侵略勢力培養出來十分典型的為殖民主義服務的知識份子，在他身上絲毫沒有民族氣味。徐潤就其所受教育和行徑來看，都是十足的市儈，只想發家致富，心目中不存在着國家和民族的命運問題。鄭觀應和他們雖是同鄉世好，但從一開始就有涇渭之分，鄭觀應本受封建傳統教育，棄舉業而習商，對他來說是不得已的。十九世紀五六十年代之交，侵略戰爭及其所帶來的惡果，加重他心境的不安。彭玉麟在一八八四年寫的

《盛世危言序》（當時書大部都未寫成，當然沒有出版），說鄭
由於「庚申之變，目擊時艱，遂棄舉業，學西人語言文字，隱
於商」。這些話多半是附會的，但民族危機沉重地壓在這個有
志的青年的心頭，卻是無可懷疑的。

　　鄭觀應雖然屈身洋行，但一直關心時務，熱心學習西學，
期以革除積弊。他先後和王韜、吳廣霈等人為文字密友，最初
深受王韜的影響。同治初年他編著《救時揭要》一書，從其所
作序文看來，內容很蕪雜，也摘抄了不少陳腐落後迷信的東
西，但其中有一些文字是「觸景傷時，略陳利弊」之作，也是
書中重要部分，可以看出他的進步傾向。王韜很重視這部書，
特地寄贈李鴻章，但沒有說明係鄭觀應所編。十九世紀七十年
代之初，鄭觀應就開始較有計劃地寫作。幾年中所成文章於
一八七五年編成《易言》一書。先刊三十六篇本，繼刪為二十
篇本。他所作《易言序》說：

　　　　往者余於同治庚午辛未間（1870－1871年）
　　端居多暇，涉獵簡編，偶有所見，隨筆別記，內之
　　積感於寸心，外之眷懷於大局，目擊時艱無可下
　　手，而一言以蔽之曰，莫如自強為先，自強之道不
　　外乎此數大端而已。因是宏綱巨目，次第敷陳。

　　《易言》雖然還是他的早期作品，但愛國圖強的思想是突出的。其中如《論邊防》《論傳教》等篇指出侵略形勢的嚴重，《論吏治》《論練兵》《論水師》等篇揭露封建積弊的黑暗。《論商務》《論機器》等篇主張打破禁例，允許人民用機器製造。《論稅務》要求關稅自主。《論交涉》篇反對治外法權。至於《開礦》《火車》《電報》皆有專篇論述，主張採用。特別是在《論船政》一篇中主張中國應自製輪船，官局商局應同時並舉。文中批評洋務派「官不為商提倡」，「歸官創辦不能昭大信而服商人，贏則藉事勒捐，虧則多生枝節」。這已經很清楚地反映了民間資本對洋務派把持壟斷的不滿。這種思想是後來鄭觀應和洋務派扞格不入的根本原因。

　　由上所述，可以看出鄭觀應首先是一個愛國憂時不滿社會現狀的封建階級知識份子。他雖然寄身買辦階層，但和一般買辦氣味並不相投。他和王韜探討新學，同時他和帶有新傾向的江南工商業者經元善、謝家福等人很接近。有幾個問題需要說明：（一）我們並不否認鄭觀應身上仍是帶着買辦性影響。例如後來他代表招商局兩次和太古、怡和訂立「齊價合同」，並且引以為功，在這問題上他的見解遠不及經元善。這就是買辦影響的清楚表現。（二）買辦階層的利益對他沒有發生決定性的影響，這是由具體情況決定的。應該指出，一個買辦脫離

侵略勢力，放棄和這勢力關連的個人經濟利益，並不是容易的事。即就鄭觀應說，後來他辭去太古銀行買辦就招商局職，也是再三躊躇反覆考慮的。一八八一年底，他致津海關道鄭藻如書說：「所慮官督商辦之局，權操在上，不若太古和我之真有合同可恃」，致唐廷樞信說：「西人籠絡人材，操縱有術」。可見他對洋行的認識還是很模糊的。到了一八八四年，他因公在香港，被太古向香港英國法院呈控，追索他離太古時所保繼任買辦楊桂軒虧空鉅款，被拘留，纏訟經年。他才深恨太古「無情乘機要脅」，致他「名利兩失」，於是他在感情上對洋行才有進一步的決裂。這在他的著作中也可以得到證明。在《易言》下卷《論交涉》篇中，他已批評洋行「借釁生端，克扣所痛華人工金」。這是他早期從民族矛盾中模糊地道出洋行的侵略性質。而在《盛世危言‧交涉》篇中他對洋行就提出了更尖銳的批評。其中如「華商欠負洋商，一經控告，追封產業，累及親朋」等語，顯然是指自己所遭受的迫害而言。這是問題的一方面。另一方面，他身在洋行而主要關心的是民間企業的發展，這不只因為他自己很有志向，而且因為在經濟上他有發展私人企業的企圖，因而把自己的長遠經濟利益和這個前途聯繫起來。他雖然很重視對公正長江輪船公司的投資。但不久怡和太古輪船打出自己旗幟正式通築長江，它們連這類名為中外合

資的小公司也不需要了，結果鄭觀應落得只是一個領取高工資的洋行職員，這對他終究不是一個值得留戀的位置。通過洋行發展私人企業的幻想被打破了。他就把幻想轉而寄託於洋務派企業中去。十九世紀六七十年代之交，民間資本強烈要求發展新式工商業，鄭觀應正是適應這種形勢而提出自己的要求。他的要求在這時期實質上是代表中間階層的經濟勢力。

在外國侵略勢力伸入長江的最初一二十年中，愛國知識份子雖然看到資本帝國主義的侵略現象而受到震動。但對它的本質卻是惜然無知。鄭觀應在《論船政》（《易言》上卷）中說：「往往有華商集資附入西人公司股份，不願居華商之名者」，這實際也就是他自己當時情況的說明。但是民族航運事業不可能依附洋行而發展，民族資本主義不可能從資本帝國主義侵略勢力中派生出來，鄭觀應本人的經驗也正說明了這一點。

二、鄭觀應和洋務派的關係和分歧

在脫離洋行之前，鄭觀應和北洋系主要官吏已有不少的關係。先後任津海關道的黎兆棠和鄭藻如，都對他很器重。李鴻章也久聞其名。一八七八年商人彭汝琮謀承辦上海織布局，就以他為招牌向李鴻章兜攬。彭雖暫時達到目的，但鄭堅決不承

擔該局裏辦業務，彭終於辦不下去。一八八○年，鎮江紳士戴恆重新籌辦織布局，又邀鄭和經元善同任局務，不久他就代戴任總辦。一八八一年李鴻章又札委他兼上海電報分局總辦，這次是由鄭藻如、盛宣懷等人聯名推薦的。一個身在洋行任主要買辦的人，竟然兼替洋務派籌辦經營許多重要企業，這種怪現象就是半殖民地的產物。接着，李鴻章又派李金鏞、唐廷樞等勸他辭太古而就招商局職務。一八八二年他到招商局任幫辦，負責攬載事宜。當時招商局有總辦二人，唐廷樞、徐潤，另一幫辦為張鴻祿，電局改由經元善負責，織布局遲遲不能開辦，但籌辦大權歸鄭掌握。一八八三年，徐潤挪款虧空，李又札委他總辦，但不久離職赴粵。

　　十九世紀七八十年代之交，是民族資本主義產生並可能有一定程度發展的好時機。這幾年鄭觀應替洋務派出了不少力量，但他和洋務派在觀點上發生了很鮮明的衝突。前此約十年之間，在洋務派興辦企業之外，民間工業已有一些零星項目採用機器製造，但多折耗或至停頓。洋務派興辦企業中也吸收了若干官僚、地主、商人的投資。中國已經出現了民族資產階級的前身，社會上投資新式工業的風氣已在展開。鄭觀應的政治經濟觀點，清楚地反映了新形勢和新興階層的要求。一八八一年他在上李鴻章的一個稟文中說：

溯查中國購買機器仿製各項，除輪船、槍炮官局本非計利外，若香港之製糖、廣州之紡紗、牛莊之榨油、甘肅之呢羽、上海之繅絲，創始者苦心經營，力求成效。今紡紗早以工費停歇，繅絲亦無利可圖，牛莊榨油亦多折耗，呢羽聞已織成未見行遠，惟香港之糖近年頗有東洋銷路，而前此虧已不貲。

這裏他沒有把左宗棠所辦的蘭州織呢廠和民間企業區別開，所說香港製糖、廣州機器紡紗、牛莊榨油和上海繅絲情況也有疑問。（照文意看來，顯指中國人創辦的小型企業。李鴻章批語也作這樣的理解。他說這些企業所以「未著成效」，「蓋緣創辦之初，浮費多而訣竅未諳」。所以我原認為這些都是中國工商業者自辦。但汪敬虞先生惠告，根據資料，這些都應是外商所辦，當時並無華商自辦的這些小企業，鄭說是錯誤的。）但他主觀上所要說明的是中國商人資本不繼，政治上又無保障，不能抵抗外國資本主義（包括通商口岸的洋行）的壓迫而不能維持。他就是根據這樣的情況從國家利權出發來討論織布局的。他感慨地說：「職道熟籌已久，所以終不敢辭者，以此事利源外奪，久煩草籌，頻年築室道謀，徒為中外傳笑，若不力底於成，則後來再舉愈難措手。」這和李鴻章等假借收

回利權為名企圖壟斷把持的想法截然不同。因此一方面他還顧慮資本不充，另一方面又反對「官款」加入。他說：

> 機器織造，借法外洋，開衣被之利源，即有關紡織之生計。非稟承憲示，請撥官款，不足以昭鄭重。然歷來官局易招物議，若承領官款則屬目尤難，滬上水陸交通，風尚囂薄，寓公遊士未悉局中之翔實，好為事外之瑕疵，一經指摘便減聲價。且事屬公司，動關眾口，果否獲利，無券可操。商本容有折耗之時，官款從無准銷之例。今眾議且緩請領，亦深慮獲利之難，而股本之集皆為利來，顧慮太多又非招徠之道。

他很清楚地反對官方操縱，也很清楚地說明官款始終不可能成為企業股本的原因。官款在當時企業中所起的作用主要是保障官方也就是官僚集團的控制。鄭觀應在稟中不能公然反對官款，而只能委婉地說怕影響招股，後來又以招股順利超額十萬，不需官款為詞來阻擋官款的加入。但在織布局章程上附有官款本有硬性規定，李鴻章沒有同意改變這個辦法，也沒有因此而放棄「官」的控制，織布局仍是官督商辦，實際也就如鄭

觀應所說的是「官辦」不是「商辦」。在織布局任事期間，鄭觀應和經元善都突出代表商人資本的要求。特別是鄭在這時期已經發出中國「尚無商律，亦無憲法，專制之下，各股東無如之何」的慨歎。從商務上的要求革新進而傾向於政治上的某些改變，這種見解在當時知識份子中是激進的，這和洋務派的企圖自然是不相容的。

十九世紀八十年代中葉以前，洋務派許多企業正在籌辦階段，不能不藉重一些所謂「通曉洋務、商務」的人。他們所招攬者，只能或是在洋行服務有經驗的，或是舊式商人中既有經驗又有身份者。鄭、經是兩路人中的佼佼者，自然要得到李的重用。輪、礦、電、織四局實際聽命於天津。開平礦務局由天津直接掌握，但是其餘三局，或是本身設在上海，或是業務中心在上海，北洋有鞭長莫及之感。七十年代盛宣懷代表李鴻章在江南指揮，但自一八八一年收購旗昌船隻舞弊事發，人言嘖嘖，特別是江督劉坤一奏請將盛革職不准再干預招商局務之後，雖有李的包庇，盛難再多事招搖。因此一八八二──一八八三年之間，輪局只能用唐、徐，而實際由徐負責，電局由經負責，而織布局由鄭負責。因此這些「商人」一時能夠掌握企業實權，但他們都不是代表商方面是代表官府來管理企業的，這些企業之中也從來沒有商方代表。不久李鴻章複用盛宣

懷，他先後重新掌握電報輪船兩局，織布局亦由北洋派其他官吏先後掌握，到一八九三年也歸盛宣懷。即使織布局虧空事件沒有發生，以鄭觀應所持的見解及其所代表的企業發展道路，和洋務派如此不同，他也終於要遭洋務派的排斥。

這時期中法戰爭給他比第二次鴉片戰爭更深刻的刺激。在民族矛盾尖銳化的時刻，他和淮系洋務派也抱着對立的見解。一八八四年初他奉調赴粵，彭玉麟派他繼王之春會辦湘軍營務處，他反對李鴻章在上海議和，而和彭玉麟、張之洞等意見相合。他向彭提出整頓粵防和改革軍制的若干建議，助張策劃由汕頭運兵報台，自己到越南西貢、金邊各處探查敵情。但是就在戰爭聲中，他個人受到經濟上和政治上的打擊。此後好幾年中他很消沉。但民族危機促使他更加注意研究時務，《盛世危言》所保存的大部分文章都是在十九世紀八九十年代之交幾年中寫成的。

三、進一步向西方學習及其失敗

假如我們說《易言》可以代表鄭觀應在十九世紀六七十年代向西方學習的初步見解，《盛世危言》則是他在十九世紀八九十年代抱着發奮圖強的宗旨進一步學習的結果。其後數年

續作，至晚在乙未年編有稿本，這個稿本我們情且稱它為「續集」。「續集」於乙未年（1895年）和初編（五卷本）的文章合編重刊，文字略有刪改，題為《盛世危言增訂新編》，這個本子可以看作是鄭觀應自己審定的定本（1897年以後坊間印行本則把「續集」稱為《三編》）。書中所收的文字主要是作者脫離了洋務派之後和參加盛宣懷集團之前七八年中的作品，因此有些見解比較強烈地反映了民族資產階級在當時的進步要求。

拿五卷本《盛世危言》的內容和《易言》比較，就可以看出鄭觀應對事物的認識有不少進步。

最主要的應該說是他對於侵略者的認識。《易言》開頭第一篇就是《論公法》，把公法的作用說成是「各國之藉以互相維繫安於輯睦者」。作者天真地認為：「公法一出，各國皆不敢肆行。」這些錯誤見解顯然是受了當時侵略分子赫德、丁韙良、傅蘭雅等宣傳的毒害。十九世紀六十年代和七十年代初開始講求西學的知識份子，以為學會了公法就可以使國家得到和列強平等的地位，就可以避免被侵略，這種迷夢逐漸被打破了。從十九世紀七十年代中葉《煙台條約》開始的一系列新的侵略，使鄭觀應認識到公法不像他原先所想的有用。他憤慨地詰問：為什麼中國已經採用了公法還要被西方國家欺凌？《盛

世危言》（五卷本）錄有他在十九世紀八十年代完全重寫的《論公法》一文。文中尖銳地提出了這樣的問題：中國已經和外國「講信修睦，使命往來，歷有年所」了，中國也已經「開同文館，習西學，譯公法，博考而切究之如此詳且備矣」，何以西方國家對待中國並不照公法辦事？他問：「如一國有利各國均沾之語何例也？」「煙台之約強減中國稅，則英外部從而助之，何所仿也？」「華船至外國，納鈔之重數倍於他國，何據而區別也？」於是他改變了對公法的看法，他說：「種種不合情理，公於何有？法於何有？」「嘻，甚矣欺也！」他開始懷疑侵略者自居老師的騙局，他也看到公法只是對「強者」（侵略者）有用，若是「積弱不振，雖有公法何補哉！」這是他的進步之處，但他還是不能真正批判公法，而在《論議院》篇中提出「欲藉公法以維大局必先設議院以固民心」的論點。可見他並不了解公法為西方資產階級侵略者服務的本質，而把公法的不能實行歸咎於中國政治上的落後，依然沒有擺脫侵略者「老師們」宣傳的影響。

但是，《盛世危言》畢竟和《易言》不同，它首列《道器》一篇，繼以《學校》《西學》《考試》諸論，而《公法》則退到很後的、較不重要的位置。《道器》篇實際是這部書的總論。作者從改良派立場出發，討論以舊學和新學相對而言的「形

上、形下」「虛、實」「本、末」關係，並以《論語》「自博返約」的主張作為向西方學習的理論根據。他要求把西學列入學校講授的課程和科舉取士的科目。他從「發奮圖強」的宗旨出發，主張進一步的更廣泛的學習西學。《盛世危言》把西學分為天學、地學、人學三部。所謂人學，是「以方言文字（外國語）為綱」，「包括一切政教、刑法、食貨、製造、商賈、工技諸藝」，這種分類法，已經改變了過去一般言西學者專主格致的最狹隘的看法。但他所主張應學習和列入考試科目的具體內容，除了各國史地、政事、律例之外並沒有多少社會科學的內容，至於西方哲學更是沒有提到。書中討論考試出題時，說：「須有裨時務如鐵路、輪船、礦務、郵政，以及機器、商務、紡織、銀行、格致、政事、農學、醫學……與夫各國風土人情、文學、武備」等。可以看出他特別重視的是興辦企業和對外貿易（商務）。這顯然是從微弱的資產階級要求出發的。他也從這些經濟要求着眼提出要開設議院，但不是要削弱君權，而是要「集思廣益，君民一心」，也就是說在不觸犯封建統治利益的條件下，給予工商業者一些保障。這在政治上只是一種極其微弱的呼聲。在文化上他雖然抨擊八股取士，但對於封建舊學還遠不可能提出批判性的見解。一方面這是因為他本身對西方資產階級哲學和社會科學缺乏接觸；另一方面這正是由於

半殖民地民族資產階級本身的軟弱性，而且當時這個階級的前
身還只是一個微弱的社會階層，在政治上和經濟上都還不能不
依附着封建上層勢力，在文化思想上不可能向舊學的體系提出
挑戰。

　　當時向西方學習的客觀困難，也是值得我們注意的。洋務
派所辦的江南製造局，從一八六八年翻譯館成立起，到一八八
〇年共譯一百五十六種書（其中未譯全者十三種），出版了
九十八種，發行數超過三萬本（見傅蘭雅：《譯書事略》，第
11 頁）。到了二十世紀初年，出版總數達一百七十八種（見魏
允恭：《江南製造局記》卷二，《建置表》的附錄）。這些書大
都是屬於自然科學和技術科學的淺略書籍，只是所刊《西國
近事彙編》（後來又稱《中西記聞》）起着新聞紙的作用。教
會舉辦的文化侵略機構，從十九世紀八十年代後期起，出版
的譯著書籍，宣傳宗教的佔 90% 以上。這些侵略分子既不打
算，也沒有能力把即使是西方資產階級認為較好的東西介紹到
中國來。從一八九一年起，負責廣學會的李提摩太特別注意
拉攏中國上層分子，因而加強廣學會的譯著出版工作，就中
最惹人注意的就是他在甲午前譯就的《泰西新史攬要》（1895
年曾經孫家鼐進呈光緒閱覽）。這部受維新派十分推重的書究
竟是什麼貨色呢？著者蘇格蘭人馬懇西（Robert Mackenzie）

是一個新聞記者，書的原名是《一部十九世紀的歷史》（*The Nineteenth Century, a History*），內容貧乏，一八八〇年出版後沒有幾年，在歐洲就已沒人過問。而李提摩太卻在九十年代初年特地把它搬來介紹給中國人，看來不過為了下列的理由：第一，這本書宣傳十九世紀歐洲的「進步」，特別宣傳基督教對於「進步」起了決定性作用。第二，這本書露骨地替資本帝國主義宣傳，特別是敘述英國在印度統治的一章，作者恬不知恥地說什麼：「英國把數量龐大的生靈（指印度人民）從遭受許多時代的下賤待遇拯救出來。從來沒有任何民族曾經負擔過這樣偉大的事業。」這個所謂偉大事業的內容就是要把印度「基督教化」。全書只有兩句話談到中國，一句是「我們（英國）和中國打過三次仗」。另一句是「通過英國決心用鴉片打開那個帝國的大門，基督教進入了中國」。第三，作者所說的十九世紀西方的「進步」，除了基督教之外，就是大工業、輪船、機車、電報，以至照相機、縫衣機，這些在書中是用兩專章來敘述的。可以看出這部毫無學術氣味的十九世紀史，正是符合西方傳教士和資本家、商人們在殖民地、半殖民地進行侵略的要求。李提摩太在一八九四年譯本序文中說：「上帝正在以鐵路、輪船、電報，打破各國間的隔閡，將使我們能夠和平地、快活地在兄弟一般的家庭中生活着，但是清朝政府一直

用種種刁難來阻止中外交往。」他說，假如中國改變這種態度，「它就可以成為世界上一個最偉大的國家」，近來有人從藏在英國劍橋大學的怡和洋行檔案中發現一八九五年怡和「僱用」李提摩太刺探李鴻章對鐵路建設意見的材料。這對於他譯此書的直接動機提供了一個重要的說明。可以看出，十九世紀末葉知識份子想通過這些侵略分子學習西方資產階級文化，即使在當時還有用處的某些部分，也是枉然。但在維新運動高漲時期，中國還沒有一本可讀的西洋現代史，於是舶來爛品也成為講求新學者必備之物。李提摩太還以此書居奇獲利。鄭觀應在一八九八年致陳熾信云：「《泰西新史攬要》一書，弟本擬集貲重印，惟照西例，當問之著書之人，方可付梓。昨得李提摩太覆書，不允別人代印，須由美華書館排印。價定小本每部洋銀兩元，大本每部洋三元，若弟購以贈人，價作八扣。」鄭觀應本來痛恨外國傳教士，在《盛世危言》中他一貫把外人傳教和鴉片並列為兩種最大毒品。現在卻很重視這部書，這正說明當時改良派渴不擇飲的情況。半殖民地的中國在文化上也是西洋廢品的傾銷場所。廣學會所編目的在於推銷宗教並為侵略者宣傳的《萬國公報》，能風行一時的原因，就在於此。鄭觀應在維新運動高漲時期，自己也來組織譯書工作，譯出的有「泰西刑律、學校、官制、兵制、國用諸書」。當時譯書很

不容易，據他說有的「譯者費貲巨萬」，但成績並不大。到了嚴復譯書相繼出版後，中國才真正接觸到西方資產階級的社會科學。

《盛世危言》在變法運動時期起着重要的作用，首先因為這部書不是單純地介紹西方，而是針對中國實際的具體問題提出自己的見解。例如，對待侵略者的問題，他主張不但要注意「兵戰」（國防）而且要注意「商戰」，並且指出外國經濟侵略和軍事侵略是同樣的甚至有更大的危險。他提出全面修改不平等條約的問題。他說「待力量既定，權操必勝有機可乘之時，即將平日所立和約於國計民生有礙者，均可刪改」。知道不平等條約是「國計民生」的障礙，而幻想等待國家富強而不是採取革命手段來廢除它，這很典型的代表了軟弱的民族資產階級的改良主義見解。但他所提出的卻是侵略者「老師」們或是避而不談，或是任意歪曲的問題。作者對侵略者的罪行和統治者的腐朽都有不少的揭發，討論的問題很廣泛，並且能夠激發人們思考這些問題。因此從這部書本身雖然不可能得到問題的解決，但它在人們尋找真理的途徑上卻起着重要的橋樑作用。在變法運動時期維新派較激進的思想家們從哲學和政治基本理論上提出不少進步的見解，但無論康有為、譚嗣同和梁啟超都沒有寫出一部討論中國各方面實際問題的著作。和《盛世危言》性質相

同的書籍，如陳熾的《庸書》等，內容和見解也都差遜，吸引力較小。因此這部書在當時所起的推動作用是不小的。

就鄭觀應而論，他在十九世紀九十年代政治思想上的不斷退化，突出地表現在他對開設議會的問題。

《盛世危言》一八九三年本《論議院》篇（1897 和 1898 年各坊本與此本同），鼓吹設立議院，附跋文二百餘字，極力駁斥「議院宜西不宜中」和「中國不宜遽行議院」的頑固論調。這是作者在一八九二年以前的見解，可以看作他加入盛宣懷集團以前，更多的代表資產階級中層勢力的政治主張。但在一八九五年出版的《盛世危言增訂新編》，卻添了一篇續作的《議院‧下》（各坊本均未錄此篇），把前作原跋作為開頭的一段，但將跋文最後一句「而猶謂議院不可行哉！而猶謂中國尚可不遽行哉！噫值矣」等語改為「而猶謂議院不可行哉！惟必須行於廣開學校人材輩出之後，而非可即日圖功也」。接着，他又解釋說：「何則，泰西各國，近代學校盛行，無人不學，且中外利弊登諸日報，婦孺皆知」，實際上也就是主張「民智未開」不可開設議院。這樣突然的倒退，何其前後完全衝突！又何其與梁啟超一貫的論調那樣酷肖！梁啟超在一八九六年寫了一篇幾萬字的《變法通議》，要旨不外乎「育人材」和「變官制」，沒有提到議院。在另一篇文中他說：「凡國必風氣已

開，文學已盛，民智已成，乃可設議院。今日而開議院，取亂之道也」（《古議院考》，1896 年作）。這種看法他一直保持到十九世紀末。一九○○年他在《清議報》寫的《立憲法議》說：「立憲政體者必民智稍開而後能行之。日本維新在明治之年，而憲法實施在二十年後，此其證也。中國最速亦須十年或十五年始可語於此。「拿梁啟超這些話和鄭觀應在甲午時期的見解相比較，就可以清楚地看出當時的改良主義者向外國資產階級學習的愈來愈沒有出路。鄭在此時改變論調，不是出於偶然，其原因詳於一八九四年致文廷式等人書中。他說：

　　　識時之士，僉謂非上下一心，開國會，立憲法，不足以救艱危。然聞日人有非而笑之，謂學校不開，人材難得，徒滋擾攘自速其亡。且袞袞諸公，每多心存畛域，……大抵借立憲之名，使民間籌款而已。余思日人之言，可為我藥石。

　　《議院篇・下》正是作於此時，其受日本侵略者的消極影響是顯著的。

　　梁啟超反對急開議院的言論，也以「日本維新後二十年才實行憲政」為根據。鄭梁二人學習外國資產階級政治所得結果

不謀而合如此。一個說要「取亂」，一個說要「擾攘取亡」，其害怕人民群眾，又是如此不約而同。半殖民地愈學習西方資本主義，愈覺得自己事事不如人，愈沒有出路。據鄭觀應說，他在一八八四年就主張立憲，但在十年之後，卻得出中國民智未開不可遽開議院的結論。這難道不耐人小思嗎？

甲午戰爭以後，鄭觀應雖然列身維新派，但思想更趨保守，他反對康有為的「速變」主張。當時，他除招商局外還參加了盛宣懷的漢陽鐵廠和鐵路總公司的籌劃經營，個人經濟地位顯然在上升，政治、社會地位和十九世紀八十年代後期「養痾羊城」潦倒失意的情況大不相同。因此他思想上的倒退是完全可以理解的。

但是戊戌變法失敗後，一九○○年，他又將《盛世危言增訂新編》改編出版。在《議院・下》篇後，他另增附錄兩篇，一篇是他自己寫的《答某當道設議院論》，另一篇是他於一八九三年在上海格致書院以《議院論》為題課學生時，一個學生許象樞所作的文章。兩篇都是主張立即開設議院，他自己所作的一篇還着重駁斥了「民智未開不宜即設」的論點。這又是什麼緣故呢？

許象樞文和這時期他的思想無關，不須討論。鄭自己在文中說：

夫強鄰之畏我者民心團結。若此時不建，遲至
各省海疆盡被西人佔據，恐欲設而不能。

好像應該承認這是他在民族危急中思想積極方面的表現。
但他主張設議院的目的，在於通上下之氣，並說「且藉此收民
心，籌捐款」，實際是為搖搖欲墜的清廷統治借箸代籌的一種
方案。應注意的是，這篇論文和他在這一年致盛宣懷《論變法
宜設上下議院書》，主要內容甚至文字完全相同。這個大買辦
在這時候也在進行「變法」的宣傳。而鄭致盛信中說：「既設
議院，開國會，興學校，維新之治可仿日本變法時參用客卿相
助為理」（論文中沒有這一段話）。這種觀點和他與盛宣懷大
資產階級集團的密切關係顯然是分不開的。因此，不難看出，
庚子年他主張速設議院，不是進步而是迅速墮落的表現。這時
維新派已經消失，在政治上他也向大資產階級投靠了。

二十世紀開頭的十年中，鄭觀應本人在思想上萎靡墮落，
同時期民族資產階級上層的保守面也愈來愈發展。但是《盛世
危言》一書何以對於進步的知識份子，仍然起着提供尋找真理
的橋樑作用呢？一方面這當然是由於這部書本身所具有的價
值，以及它可以作為學習西方資產階級失敗的一種借鑒。另一
方面這又是由於半殖民地資產階級的無能。到了二十世紀開頭

的十餘年中，他們包括革命派在內，同樣沒有能夠提出一個實現中國獨立富強的方案，甚至沒有能夠寫出一本較好的比較廣泛地討論中國實際問題的書。對西方資產階級的社會科學的批判，甚至系統的介紹工作，他們也做得十分有限。因此十九世紀末年的新學，到了辛亥革命前後對知識份子還能起着啟蒙的作用。這正說明半殖民地資產階級的缺乏創造力量，這也正是帝國主義在文化上控制半殖民地中國的結果。

四、鄭觀應和盛宣懷大資產階級集團的關係和分歧

對盛宣懷大資產階級集團需要專文論述。簡單說來，這個集團開始形成於十九世紀九十年代之初，一直發展到辛亥革命前夕，它是革命的對象。它和十九世紀末開始發展的民族資產階級上層政治上和經濟基礎上有很大區別，但又有複雜的關係。這在盛鄭的關係中也可以得到一些說明。

盛宣懷從一八八五年起任招商局督辦，一八九一年他排去招商局會辦馬建忠，獨攬大權。一八九二年他任津海關道，仍兼招商局督辦，當時鄭觀應已由唐廷樞保委開平粵局總辦，來到天津。盛向李鴻章力保委他幫辦招商局，而令他辭去開平職務。於是鄭再度入局，任職時間迫十年。這是他和盛系集團關

係最密切時期。最初幾年他和會辦沈能虎分掌局務，沈是北洋舊人，在局中很有勢力。甲午戰爭後，盛宣懷積極發展私人集團，一八九七年他又設計將沈擠走，改任自己心腹、前台灣道顧肇熙會辦。招商局三個商董（即各科長）嚴瀠、唐德熙和陳猷，原來也都由盛保舉。局中主要負責人都是盛系人物。鄭觀應和這些人合作，深得盛的信任。任內他替盛和太古、怡和商訂第三次齊價合同，而且經手一八九五年前後商訂的滙豐銀行對招商局第二次借款草約，約內附有銀行派英人「總管」到局和產業抵押的條件。

這些顯然都是民族資產階級的妥協性和他個人所接受的洋行買辦影響的表現。自從一八九六年開始，他還兼任盛系各種企業（如漢陽鐵廠、通商銀行以及電報局）中的主要職務。一九〇二年袁世凱奪取招商局的控制權，鄭應桂撫王之春調往廣西，擺脫招商局務，盛宣懷自己亦於次年離督辦職。辛亥革命前一年（1910 年），他又奉盛札委會辦招商局。他和盛宣懷的關係的確如吳廣需所記，是十分密切的。

但是，決不能把鄭觀應看作是盛宣懷大資產階級中的人物，因為他們在基本問題上的矛盾是十分清楚的。一八九八年盛宣懷以電報督辦資格照會鄭觀應說，電報局在光緒七年奏歸商辦（按即官督商辦），「曾經各股東公舉鄭觀應、經元善、

王榮和、謝家福四人為總董」，嗣王、謝先後去世，總董只有二人，現已續招商股六十萬元，應添委楊廷杲、王珠華、朱寶奎、盛宙懷四人為董事，列名鄭、經之次，這四人中，一係盛堂弟，其餘三人都是盛系人物。鄭觀應答稱：「該局既係招集商股而成，所舉各董似應由股東投簡（即投票）公舉。或恐風氣未開、人材難得，所舉者不勝其任，即先定人格（即提名），將所舉定董事履歷請招集股東公定以多數取決，用示無私，以符商律。」盛宣懷當然沒有採納他的意見。

不久，鄭觀應聽到總辦經元善挪滬局花紅開支女學堂經費，就函盛宣懷說照公司章程應得董事同意，又問：「電報局總收支係楊君子萱專司，不悉楊宋能如招商局例有月結督辦察核否。」其實經元善辦理此事只是稟承盛意，鄭也明知楊是盛的私人，他提出這些問題，實際等於批評盛的控制專斷，但是這種分歧決不能達到使他和盛破裂的程度。

在這些官督商辦的企業中，私人資本既要提防官府的勒索，更要提防官方將企業收歸官辦，於是他心目中一直存着通過盛宣懷把這些局改為商辦的想法。當然盛後來也主張「商辦」，但卻是要把這些企業變為盛系官僚資產階級集團的私產。

以盛宣懷為首的大資產階級當時不但已經清楚地代表着封建統治勢力的利益，並且已在多方面勾結帝國主義。盛系集團

不僅僅是一種經濟上的組合，而且是清廷統治勢力的一個重要的組成部分。對於這些問題的實質，鄭觀應也許認識得不多，也許有所認識，但是苦無辦法，因而莫可奈何地對盛宣懷保持着不合實際的希冀。因此他函致盛宣懷抗議一八九七年剛毅對招商局勒捐鉅款，要求防止「政府」無理干預和更多的勒索。他難道還不了解招商局答應每年報效本來就是盛宣懷向西太后送禮固寵的手段，而還求盛「未雨綢繆」把它當作「股商」的保護者？這樣似乎難以理解的事實，實際上是軟弱者很自然的表現。他說：「甲午之變，曾面請督辦（盛宣懷）及早稟商傅相（李鴻章）奏將電報公估值銀若干，贖歸國有，將招商局准歸商辦，免日後政府行強硬手段。」他早已看到電報局終必收歸官辦，因而希望保全商本，同時要求招商局改為商辦。但是盛宣懷的打算，卻是要把這兩局操在自己的手裏，當然不會採納鄭的建議。

從上面所述幾個事例看來，鄭仍然是從「商」方立場說話，力持自己要求發展民族資本主義的見解，但作為民族資產階級上層代表人物，他一面和大資產階級有矛盾，而一面又要依附這個階級，不敢公然反抗。這些情況都還是發生在十九世紀末葉民族資產階級上層正在發動變法維新運動的時期，而鄭觀應自己又是維新思想的一個重要傳播者。

在一九○二——一九○三年袁從盛手中奪取輪、電兩局，和一九○八年郵傳部收回電局官辦，以及一九○八——一九○九年招商局議改「商辦」和改隸郵傳部的各種變化中，鄭觀應都站在盛宣懷方面，反對袁世凱集團。特別是在一九○八年初糾集廣東股東贊助盛宣懷反對徐潤，和同年反對郵傳部（袁世凱系尚書陳璧）收回電局時抑低電股價格，以及一九○九年招商局在改隸郵傳部時要求立案和爭組織股東會、董事會活動中，鄭觀應都成了重要角色。因此一九一○年他又奉盛（1909年被舉為董事會會長）札委為招商局會辦。

就這幾事看，在主觀方面，鄭觀應極力支持盛，也一直依靠盛。在客觀方面他出了不少力量，替盛系大資產階級效勞。雖然他主要的還是希望達到保護這些企業中私人商股的目的，但是不可諱言他已經把自己的命運和大資產階級集團緊密的聯繫起來了。這幾年從國內政治和階級關係上看，正是革命形勢迅速高漲，民族資產階級上層日益向大地主、大資產階級靠攏的時期。這個階層的政治代表立憲派愈來愈保守，以至最後竟然成為大資產階級的代言人。

鄭觀應個人的發展，是改良主義者沒有出路的證明，也正是當時階級矛盾和階級鬥爭的反映。他的政治觀點在武昌起義前幾年中也完全代表了立憲派中最右的言論。他說立憲是要

使「保皇、革命諸黨亦無所藉口，或可銷滅，不然專制苛刻反動力大，當此民心皆欲立憲，恐流血千里而後成，決無中止之理」。他不但公然指出立憲是為了抵制人民革命，甚至把康梁也看作激進可怕的政黨。

一九一〇年十一月四日（陰曆十月初三）清廷頒佈諭旨於一九一三年召集議院，湖廣總督瑞澂上奏請組責任內閣「代君主受議院之責」，鄭觀應竟致函《中國商務日報》把這樣官僚的奏章稱為「救時良藥」。他從一八八四年主張立憲，經過二十多年所得到的卻是這樣可恥的結局。改良主義者所走的必然墮落的道路不是十分驚人的嗎？

五、結束語

《盛世危言》的作者在四十年不斷的學習中，表現了很艱苦的努力反覆研究的精神，但著作的本身實際上並不能解決問題，作者本人也沒有隨着時代繼續前進，反而逐漸蛻化成為大資產階級集團的依附者。

應該指出，半殖民地資產階級，主要是指中等階級，這個階級具有革命性和妥協性的兩面。資產階級上層經濟地位愈高，革命性也愈消失。至於大資產階級，那就是封建勢力和帝

國主義侵略勢力的夥伴和代理人，完全沒有積極的一面。就鄭觀應說，當時中國人民迫切要求革命，特別是在十九世紀末和二十世紀初十幾年之間，兩次掀起革命高潮，而他本人對於革命特別害怕，這是因為他的經濟地位正在逐漸上升，從十九世紀七八十年代的民族資產階級中層提高到十九世紀末的上層地位，而且在二十世紀初年資產階級民主革命潮流上漲時期，他正愈來愈向大資產階級靠近，政治思想也就迅速右傾。這種情況對於我們研究殖民地、半殖民地資產階級各階層及其相互關係，特別是立憲派形成問題，應該是有參考價值的。

辛亥革命時期資產階級革命派和農民的關係問題

　　辛亥革命是中國民主革命過程中一次具有偉大意義的革命運動。在這一次運動中，能夠參加民主革命的各階級達成空前的聯合。當時新式產業工人數目還很少，工人階級還沒有形成一個自覺的階級力量，因此這種聯合不可能成為人民民主統一戰線，而只能是一個由資產階級領導的若干階級鬆弛的聯合。但這究竟構成了一個革命聯合陣線，使革命力量大大向前發展，因而能夠一舉推翻清朝統治，結束了兩千多年的封建君主專制，促進了民族的覺醒，加強了人民革命鬥爭的意志。辛亥革命之所以能夠在比較完全的意義上開始了中國民主主義革命，其關鍵就在於有這樣一個聯合陣線，使革命動力能夠比較廣泛地、有力地得到發揮。

　　當時參加這個聯合陣線的革命力量主要是農民、工人、小手工業者和主要以小資產階級知識份子為代表的中小資產階

級。農民是主力軍,是革命最基本的力量。小資產階級知識份子代表小企業主和中小商人,即資產階級中下層的利益,並且在一定程度上聯繫資產階級上層和地主階級中的開明人士。他們是革命力量中一時最活躍的部分,因而也是當時革命的重要動力。當時資產階級是分裂的。它的上層在政治上構成右翼,表現為經常反對革命,而只是在革命無可避免的形勢下混進革命陣營,從而爭奪革命果實——但他們並不是革命的對象,由於他們也要求維護民族權益,要求政治上的改革,同帝國主義和清朝專制政府也有矛盾,因而就較廣泛的意義上說,他們也是聯合陣線中的一個部分,雖然他們常常依附革命的敵人而抵制革命。

不同的階級抱着不一致的目的參加革命陣線,這就使得革命陣線成為各種矛盾的集合。其中最首要的矛盾是資產階級革命派同農民的矛盾,其次則是資產階級革命派同自由派(即立憲派)的矛盾。

這樣一個革命聯合陣線,就其最基本的內容來看,可以說就是代表中小資產階級的知識份子同農民的聯合。概括地說,就是資產階級同農民的聯合。沒有農民參加,革命聯合陣線就無從建立;沒有農民參加,民主革命也就不能想像。因此資產階級如何同農民聯合,以及聯合中這兩個階級的關係問題,乃

是這個聯合陣線的首要問題。

　　兩個階級的合作究竟有沒有基礎呢？應該說，基礎是有的，但是是薄弱的，不穩固的。合作的基礎，就是兩個階級都有反帝反封建的要求，雖然在實質上和程度上都有不同。一方面，農民迫切需要革命的同盟者，改變前此長期孤軍作戰的不利形勢，這是客觀存在的條件。只要資產階級改變自己對農民的錯誤看法，主動去同農民聯繫、合作是農民所歡迎的。另一方面，小資產階級知識份子本身也有了新的覺悟和革命要求。甲午戰爭後，尤其是八國聯軍侵略戰爭以後，帝國主義在瓜分和國際共管的叫囂聲中滅亡中國的威脅，迫使小資產階級知識份子從簡單的愛國救亡活動逐漸走上革命的道路。

　　廣大人民群眾的日益革命化，也給予小資產階級很大的影響，並且幫助提高了他們的認識。他們的新認識之一，很重要的一點，就是開始改變過去敵視農民革命和輕視農民力量的看法。同資產階級維新派和立憲派相反，他們開始注意農民問題，表現為農民革命的支持者和同盟者，願意同農民在革命中達成一定程度的合作。他們開始熱烈歌頌太平天國革命，宣傳「反滿」，也就是反對帝國主義統治中國的工具。這樣，二百多年來的「反滿」老招牌現在在新的意義下被他們抬出來了。他們的個別宣傳品還對義和團反帝鬥爭的作用給以很高的評

價。在行動上，他們的各革命團體興中會、華興會、光復會都從一開始就注意通過會黨聯繫農民發動起義。他們從不同的角度把土地問題列入政治綱領之中。

　　一九○五年中國同盟會的成立也就是資產階級革命派願意同農民更廣泛地結成同盟的重要標誌。但是，兩個階級對革命的具體要求並不完全一致。資產階級革命派不能直接深入到農民群眾之中同農民真正結合，而只是依靠會黨組織為媒介。他們不肯放手發動農民而要求農民按照資產階級的方案去進行革命。他們雖然看到農民問題，但不能提出切實可行的土地綱領，無法滿足農民的要求。因此兩個階級之間的合作就只能是鬆弛的聯合，沒有真正堅固的基礎。資產階級革命派遇到革命挫折時就想撇開農民，幻想另求出路；遇到革命勝利時，又急急忙忙地拋棄農民去結束革命。武昌起義後資產階級同農民日益分離，聯合陣線也就逐漸趨向瓦解。

　　關於資產階級無法滿足農民土地要求的這樣一個根本問題，本文不擬多談。本文目的在於比較集中地討論資產階級革命派和農民在一定程度的合作過程中的具體組織形式和思想影響等若干問題，以及這種合作關係的發展和變化，從而說明資產階級不可能領導半殖民地的民主革命走向徹底勝利。

　　資產階級革命派同農民合作是民主革命往前發展的一個重

要因素。這在比較正規的資產階級及民主革命潮流出現之前，就以孫中山的興中會開其端，但這僅僅是一個過渡性的前奏而已。興中會在一八九五年和一九〇〇年先後組織會黨發動了兩次武裝起義，但在甲午、乙未之間，孫中山還沒有資產階級民主革命的思想武器，改良派的影響在他們的思想上還佔統治地位。他對農民的同情語句如「人民半年不免於凍餒，而荒年必至於死亡」還只是「樂歲終身苦，凶年不免於死亡」這類傳統說法的直解。

興中會成立只是舊式農民戰爭向新階段革命的過渡的開始。孫中山雖然已經在資產階級和會黨中同時開展活動，但並未使二者結合起來，使會黨獲得資產階級革命的色彩。一八九四年孫中山在檀香山的活動目的，主要只是為了籌集經費。無論檀香山和香港的興中會宣言都沒有提出明確的民主革命主張。

一八九五年廣州起義的計劃是由鄭士良在廣東方面聯絡營勇、會黨、「綠林」和鄉團，而以楊衢雲在香港聯繫的三合會員三千人為骨幹，偷運到廣州進行突襲。這仍然只是舊式的會黨發動。當時興中會所進行的只是地方性的嘗試，還沒有民主革命的明確目標，起義的口號也只是限於「除暴安良」。因此一八九五年的廣州發動還說不上資產階級作為一個階級同農民的合作。

　　孫中山在倫敦脫險後暫留歐洲的時期中，才更多地、直接接觸到西方資本主義的社會政治，並且看到了西方資本主義無可避免地面臨着的社會革命，從而把「反滿」和資產階級政治權利以及農民問題聯繫起來，醞釀着舊三民主義的思想體系。這給後來資產階級革命派同農民的合作提供了思想條件。但這時期他還沒有明確地同改良派分家。一九○○年的惠州起義同前一次的起義並沒有重大的區別，根本的原因就在於當時興中會雖然聯繫了國外一些華僑工商業者，但在國內還沒有自己的階級基礎。當時改良主義在國內資產階級中佔着絕對統治地位，它還不能從國內資產階級及其知識份子中找到一批革命的追隨者，因而談不上資產階級同農民階級之間達到聯盟的問題。所以惠州發動的工作仍然只是由鄭士良、楊衢雲等以聯合會黨的老方式進行發動，本身仍是一個單純的軍事冒險，目標也就是成立一個甚至包括改良派如何啓等人在內的地方性的政府。因此這時期興中會的革命活動只能看作一種過渡，即舊式農民戰爭向較正規的資產階級民主革命的過渡。

　　資產階級革命派同農民階級之間的聯合問題，到二十世紀初才真正出現。惠州起義之前孫中山派已經不以地方發動為滿足，他開始注意聯絡長江會黨，希望把廣東的三合會同長江的哥老會打成一片。哥老會主要山堂的各「龍頭」楊鴻鈞、李雲

彰被招請到香港同興中會、三合會開會設盟，但這並沒有改變興中會的原有性質，而且當時這些會黨實際上是同改良派的自立軍聯繫的。當然這是一個重要的發展，表示孫中山在國內更廣泛地尋找可與合作的革命力量的企圖。

二十世紀初年，國內形勢大大變化了。小資產階級知識份子主要以留日學生為代表群趨革命。中小工商業者，乃至中小地主階級中的一些人，都感到震動不安而急於尋求出路。資產階級中下層開始革命化，兩湖和江浙都成立了以小資產階級為主體的革命團體。至此，資產階級才有了進行革命的自己的階級力量，資產階級革命派在國內才有立足點。於是他們同會黨的關係問題，即資產階級如何通過會黨同農民合作，如何組織和領導農民（或是會黨）以及如何滿足農民要求，就成為革命的關鍵問題。這個問題在前此的過渡時期已經初步發生過，興中會同輔仁文社的矛盾實質上就是誰領導誰和如何領導的問題。

到一九〇〇年香港大會時，既由哥老、三合、興中等會聯推孫中山為「大統領」，又由哥老會「龍頭」們排香案接受陳少白加入祕密會社為空名的「龍頭之龍頭」。究竟是革命派參加祕密會社呢？還是會黨接受革命派的領導呢？這仍然是模糊不清的。現在華興會和光復會也都遇到這個問題。

華興會的辦法是只限知識份子參加華興會為會員，而於會

外另設以軍隊編制組織的「同仇會」專來吸收會黨。華興會主要領導者黃興自任大將兼同仇會長，劉揆一任中將，掌陸軍事務，而會黨首領馬福益則任少將，掌理會黨事務。瀏陽各地會黨參加同仇會者達十萬人之眾。這樣把會黨同革命派知識份子嚴格分開的組織形式固然系統分明，但革命派並不能直接指揮會黨，也不能給予直接的影響。

　　光復會組織會黨的工作比華興會較為深入。江浙革命派的根據地在上海，而所聯繫的會黨主要在浙東、浙西各府。在光復會成立之前，愛國學社職員、知識份子兼商人敖嘉熊就進行了組織會黨的工作。他採用的方式是在嘉興設立「溫台處會館」，以為「革命黨及會黨交通之中樞」，招集各地會黨頭目為執事員，並計劃在松江、湖州、杭州設分館。聯繫所有祕密會黨的工作主要就是將各會黨匯合起來納入一個統一的組織之中。敖嘉熊在這方面作了很重要的工作，但他既不肯接受光復會的指揮，也不肯加入光復會。後來他經營的商業失敗，會館以經費困難無法維持而結束，徐錫麟、陶成章等才在紹興開辦大通學校，作為光復會聯繫會黨的中心。陶成章招金、處、紹三府會黨頭目入大通學校練習兵操，規定畢業受學校辦事人（即光復會）節制，入校學生都是光復會會友（即會員）。可見徐錫麟、陶成章等繼敖嘉熊之後要把會黨頭目進一步組織訓練，使他們

成為資產階級革命團體的正式成員。至於散處各地的一般會黨分子，按照陶成章、魏蘭於一九〇四年擬定的辦法，「先是調查，……其次則黨會之聯合也，又其次則開導黨員也。」

「開導」的辦法就是「多運革命書籍，傳佈內地」。他們的調查遍及金、衢、嚴、處、溫、台六府，「聯合會黨」的工作也的確做到把浙東、浙西各會黨聯成一氣。他們的「開導黨員」工作，據陶成章自己說，「由是浙東之革命書籍，遂以遍地，而革命之思想，亦遂普及於中下二社會矣」。

光復會對會黨的聯繫工作和華興會有所不同，這是有客觀原因的。兩個地區的會黨情況本來很不相同。兩湖會黨基本上就是以哥老會為主體，其中馬福益等的洪江會組織在兩湖和江西有很大的控制力量。雖然會黨勢力還是很分散的，但華興會可以採取同洪江會聯合的比較簡單的組織形式。浙東、浙西以至安徽和江蘇一些地區的會黨系統本身就極複雜，統一組織的工作不能不由革命派自己負擔起來。如浙西勢力很大的白布會，本從溫州傳嚴、衢、湖各屬，這些地方和安徽寧國、廣德、太平一帶都是太平天國時期久經戰事的地區，人口稀少，浙東溫、台各地「客民」大量流入，白布會就在「客民」中廣泛傳佈，它就是天地會系統之外的一種祕密會社。即是洪門各會也是山堂林立，不相隸屬，地區隔閡，不通聲氣。因此陶成章、魏蘭所

擬的工作步驟是在浙江的具體情況下同會黨達成合作的必要過程，因而光復會也就不能不採用另一種比較緊湊的組織形式。

但是華興會和光復會同會黨的合作同樣都遭遇到一個難以克服的矛盾，即如何領導會黨的問題。陶成章說：「若論運用，則駕馭教門也易，而駕馭會黨也難；欲得教門之死力也易，欲得會黨之死力也難。」這幾句話是他進行會黨工作多年的經驗結論，也就是浙江失敗的慘痛教訓。他所指出的領導指揮會黨的困難，以及有事難得會黨死力，實際上就是資產階級在領導會黨問題上感到束手無策，這是舊式農民起義轉變為資產階級性質的革命戰爭的過程中所必然要發生的問題。

當時的小資產階級知識份子始終未能深入到群眾中進行資產階級民主革命的宣傳教育，對會黨的聯繫無論採取任何組織形式，其結果總是貌合神離。兩湖「同仇會」的組織雖然有黃興、劉揆一等掛名領導，實際上仍是以改變不大的洪江會為主體。浙江大通學校把會黨都吸收到光復會團體內部來，並且編制約束，頒佈號令，分「光復會成員為十六級」，由徐錫麟等五人任「黃字號」即第一級首領，秋瑾任「禍字號」即第二級首領，以「光復漢族，大振國權」為記號，編制各會黨為八軍，這樣的組織也只是「軍界」「學界」「會黨」的混合，雖然使會黨在一定程度上接受了資產階級革命派的影響，但並不能

真正把會黨納入資產階級民主革命的軌道。據陶成章所說，當時的「方法，不外藉會黨之聲氣，以鼓舞軍學界，復以軍學界之名義，歆動會黨」。僅僅「歆動」，當然不能引起深刻的變化，不能打成一片。大敵當前，指揮自然就要失靈了。

一九〇五年同盟會的成立並不能根本改變這種形勢。一九〇六年——一九〇七年是革命派在各地發動武裝起義及其失敗時期。以兩湖地區論，從一九〇六年的萍瀏醴起義，可以看出革命陣營裏的混亂情況：一方面出現了「中華國民軍起義檄文」，揭出了同盟會「驅逐韃虜，恢復中華，建立民國，平均地權」的資產階級的綱領；另一方面又出現了「新中華大帝國南部起義恢復軍」的會黨式佈告，主張「勿狃於立憲、專制、共和之成說，但得我漢族為天子，即稍形專制亦為我家中祖父」，即只要「排滿」，不要改變國體，不要資產階級民主共和國。這樣兩套文告的並見，說明了會黨雖然受到同盟會的影響，但在革命具體目標上沒有達成同資產階級真正一致的統一，這也就是資產階級團體同群眾組織只有鬆弛的聯合的反映。

以皖浙地區論，所謂軍、學、會黨的聯合，到了緊要關頭所能採取的只是被動的、分散的冒險行徑，而不是有組織的起義。一九〇七年六月嵊縣和金華各處先後單獨發動失敗，就是組織渙散、軍令不一的緣故。光復會陶成章等原擬以「中央革

命」和「襲取重鎮」兩方法迅速完成革命的想法，本身就是革命派知識份子共有的要求速成，不肯在群眾中進行長期艱苦工作的表現。這時期孫中山親自發動的六次起義，也只是派人聯繫會黨，給予金錢和軍火的幫助，如潮、惠、欽、廉諸役，或是以會黨組織小型敢死隊，企圖奪取一個軍事據點如馬篤山和河口之役。

在一九〇八年，革命派普遍認為會黨不足與謀事，一部分人想以暗殺手段代替革命，更多的人想專力運動新軍，資產階級同會黨的合作更加鬆弛了。當時，同盟會主要骨幹胡漢民就公開表示「民軍簡直不中用，民軍太無戰鬥力，新軍比較來得好」。胡漢民所認為不中用的，不只是會黨，而是包括一切自發的群眾鬥爭在內。資產階級撇開農民群眾的做法，使民主革命的潮流暫時顯著地低降了。

一九〇七——一九〇八年湖北共進會同會黨的離合歷史也是同樣問題的清楚說明。一九〇七年同盟會在東京一度發生的組織共進會的爭論就是同盟會內部革命派同農民群眾步驟不協調的反映。經過爭論後組成的共進會，如它的白話文宣言所表示的，以「全中國四百兆人」為聯合對象，說明宗旨在於「增進我們哥弟知識，共拚死力，有進無退」。在「反滿」的目標下大聯合，「不可分門別戶」，顯然是主張會黨同革命派的進

一步聯合。被認為「素抱急進主義」的同盟會會員、共進會第一任會長張百祥也就是會黨（川幫孝友會）中的重要人物，他回國進行組織四川的會黨。另一個共進會會員焦達峰更是始終努力進行組織湖南會黨的工作，且有顯著成效。

共進會成立後進行活動的總計劃是「分頭聯絡長江南北會黨，以充實革命力量」。一九〇八年，湖北的共進會會員們在東京共進會的指導下，還是努力吸收會黨組織，編成五鎮軍隊，由共進會會員孫武任名義上的「正督統」。到了一九〇九年夏天，各「鎮」紛紛起事失敗，孫武等人就提出會黨意氣用事，不從命令，必須改弦更張，另圖辦法。認為「各會黨只可聯合，不可依為心腹，必須運用現代新軍，堅訂盟約」。於是將五鎮解散，把目標專注於新軍。

湖北革命黨人在新軍中艱苦工作，取得武昌首義的巨大成績，是極值得讚揚的，但放棄會黨專搞新軍，並不能看作一般的成功經驗。武昌起義前後四川革命運動的發展，武昌起義後湖南的回應，這些都不是專搞新軍所能取得的成果。因此孫武在一九〇九年的主張和張百祥、焦達峰等的不同主張顯然是原則上的分歧。孫武過去雖然主張聯合會黨，但他本人是品質不好的上層人物，沒有在群眾中進行工作的決心。但革命派中其他一些人在會黨中進行工作，和農民達到了一定程度的、雖然

是十分有限的合作，對革命所起的作用是十分重要的。

　　會黨本身是一個原始的落後組織，革命派自然不能原封不動地依靠這樣的工具以求取得民主革命的勝利。革命派認為「只能望之（會黨）為回應，而不能用為原動力」，但他們並沒有明確究竟要從哪里去尋找革命的原動力。單純農民戰爭的時代已經過去了，資產階級無法處理革命統一戰線中的複雜階級關係，找不到問題的關鍵，因此革命活動就一時沉寂下來，但情形不久又有變化。

　　一九〇八年以後的兩三年中，農民群眾自發性的反抗鬥爭次數迅增，範圍加廣。這幾年中革命派知識份子中有不少人在新軍中進行艱苦的宣傳組織工作。革命派一部分人繼續進行聯繫會黨的工作，在各地醞釀起義。在收回利權運動中也聯繫一定的群眾，推動督促地方上層勢力和資產階級上層控制的諮議局進行鬥爭。應該承認，革命派在這時期還是做了不少群眾性革命工作，民主革命的影響在群眾中也在不斷擴大。群眾反抗鬥爭的革命潮流推動了資產階級革命派，革命派的民主主義宣傳和起義醞釀也推動了革命潮流迅速走向高峰。

　　一九一一年的舊民主主義革命高峰是各階級在「反滿」的一致目標下的大聯合所造成的。但正由於此，由於各階級對革命前途的看法不同，所抱的政治目的不同，這時期革命統一戰

線的複雜性也大大增加了，特別是資產階級自由派愈來愈多地以革命者的面目和身份參加進來了。由於革命派本身力量的薄弱，他們一視同仁地歡迎一切口頭上擁護共和的人，甚至把自己同他們的界限和區別都分不清了。

同盟會自身本來具有革命統一戰線組織和中小資產階級政黨的雙重性質。現在，作為一個政黨，由於階級關係的模糊，它的力量愈來愈削弱了。作為一個革命統一戰線，由於缺乏堅強的領導力量，組織愈來愈渙散了。從武昌起義開始，各省各地的獨立，或是由於新軍士兵的起義，或是會黨領導下群眾的奪取政權，或是在群眾革命形勢嚴重威脅下立憲派或地方官吏以改頭換面的方式保留舊政權。革命群眾的力量在各處都顯示了其為一股不可抗拒的洪流，而革命派卻不能依靠這樣的力量奪取革命的最後勝利，反而轉而向自由派和封建勢力妥協。革命軍興，革命聯合陣線內部反而呈現了劇烈的變化，而變化的關鍵就發生在資產階級同農民合作的問題上，這就是辛亥革命的悲劇所在。

辛亥革命時期，資產階級革命派在一定程度上同農民達到合作，這是他們的一個重要的功績，也是辛亥革命能夠取得推翻君主專制制度這一偉大勝利的根本原因。但是由於中國資產階級的局限性，這個合作不可能鞏固和發展，因而也就決定了

資產階級不可能領導資產階級民主革命取得最後勝利。

面對着由帝國主義和國內封建勢力結合而成的強大的反革命勢力，客觀上要求革命力量也聯合起來結成強大的革命統一戰線。這個統一戰線的主力只能是農民群眾，其組織者和領導者在當時條件下只可能是資產階級革命派。但是，這兩種力量之間的關係並不僅僅是簡單的領導與被領導，教育與被教育的關係。農民群眾需要先進階級的領導，需要民主主義的教育，只有這樣，農民群眾的鬥爭才能真正脫離舊式農民戰爭的範疇，發展為新式的民主革命。但資產階級革命派卻是這樣一個領導者，即它在革命的堅決性和徹底性方面遠遠不如作為被領導者的農民群眾。因而這些革命家們要對農民進行領導和教育，首先必須克服自己的妥協性、動搖性，接受農民群眾所提出的革命要求，在群眾中教育自己。只有如此，才能取得群眾代表者的資格，從而把農民群眾團結在它的旗幟之下。資產階級革命派在這些方面雖然作了一定的努力，但卻是遠遠不夠的。

中國資產階級在最初走上政治舞台時，他們對農民群眾的鬥爭是敵視的，這也就決定了他們當時絕不可能，也絕不敢於提出革命的要求。革命派的出現，本身就意味着資產階級最急進的代表在一定程度上轉而對農民鬥爭採取聯合的態度。因為革命派本身的力量是極為單薄的，只有在他們願意而且有信心

同農民合作的時候，他們才可能真正具有革命的勇氣和信心。

　　但由於資產階級同農民階級之間作為剝削階級同被剝削階級之間的巨大差異，資產階級不可能真正把農民當作自己的同盟者來對待。農民對於他們來說，只是為了達到自己的階級要求而不得不利用的一支「愚昧」「盲動」的巨大力量而已。他們口頭上雖然經常強調要喚起群眾的覺醒，但實際上並不重視在群眾中進行民主主義的革命思想的宣傳。在他們看來，只要能夠把群眾發動起來推翻清政權就行了，至於實行資產階級民主主義的改革，則只是他們這些「革命家」的事情，群眾用不着懂，也不可能懂。因此，即使在他們同會黨建立了比較密切的聯繫，試圖把會黨鬥爭納入資產階級革命的軌道的時候，他們在會黨中所宣傳的也仍然主要是比較容易被群眾接受的簡單的反滿思想，而很少較深入地進行資產階級民主主義的宣傳（這裏且不談革命派本身的民主主義覺悟也很有限。）因而他們雖然對會黨起了一些組織和教育的作用，但卻始終未能改變會黨的性質，克服會黨的落後性。

　　從革命派聯繫的對象來看，由於他們只是急於尋找一支可供驅使的力量，他們始終沒有直接深入到普通農民群眾中去進行工作，而力求走捷徑。因而他們一開始就選中了會黨這種現成的組織作為活動的主要場所，在對會黨失望以後則把希望主

要寄託於新軍。他們不但沒有從失敗中吸取教訓，逐漸擴大同群眾的聯繫，相反地卻得出了群眾過於散漫、愚昧，不能依靠為「革命原動力」的結論，逐步縮小了同群眾的聯繫。

由於資產階級革命派在一定程度上認識到發動農民群眾的必要，他們不得不對農民的要求有所關心。同盟會提出了比較含混的土地國有的綱領，而光復會領導人在同會黨建立了較密切的聯繫的情況下更進一步在《龍華會章程》中提出了比較明確的不准豪富霸佔土地的口號。這些口號的提出，說明革命派在接受農民群眾的革命要求方面前進了一大步，也正因為如此，革命派能夠在團結群眾的工作中取得一些進步。但他們對群眾畢竟是不信任，不放心的，他們只希望農民按他們的要求「有秩序」地進行革命，而由他們來自上而下地解決農民的土地問題，而一旦農民群眾自己起來奪取鬥爭果實時，他們就驚惶失措而力圖加以制止了。因而，當革命發展到高潮時，革命派力圖找一條迅速結束革命的捷徑。他們拋棄了要求把革命推向前進的農民，而去同口頭擁護革命的立憲派握手言歡，並進而同帝國主義支持下的封建軍閥勢力在建立名義上的共和國的條件下達成妥協，使革命最後遭到失敗。

（原載《北京大學學報（人文科學）》1961 年第 6 期）

附　錄

民族喪失二十年的光陰

蔣廷黻

　　鴉片戰爭失敗的根本理由是我們的落伍。我們的軍器和軍隊是中古的軍隊，我們的政府是中古的政府，我們的人民，連士大夫階級在內，是中古的人民。我們雖拚命抵抗終歸失敗，那是自然的，逃不脫的。從民族的歷史看，鴉片戰爭的軍事失敗還不是民族致命傷。失敗以後還不明了失敗的理由力圖改革，那才是民族的致命傷。倘使同治光緒年間的改革移到道光咸豐年間，我們的近代化就要比日本早二十年。遠東的近代史就要完全變更面目。可惜道光咸豐年間的人沒有領受軍事失敗的教訓，戰後與戰前完全一樣，麻木不仁，妄自尊大。直到咸豐末年英法聯軍攻進了北京，然後有少數人覺悟了，知道非學西洋不可。所以我們說，中華民族喪失了二十年的寶貴光陰。

　　為什麼道光年間的中國人不在鴉片戰爭以後就起始維新呢？此中緣故雖極複雜，但是值得我們研究。第一，中國人的

守舊性太重。我國文化有了這幾千年的歷史，根深蒂固，要國人承認有改革的必要，那是不容易的。第二，我國文化是士大夫階級的生命線。文化的搖動，就是士大夫飯碗的搖動。我們一實行新政，科舉出身的先生們，就有失業的危險，難怪他們要反對。第三，中國士大夫階級（知識階級和官僚階級）最缺乏獨立的、大無畏的精神。無論在哪個時代，總有少數人看事較遠較清，但是他們怕清議的指摘，默而不言，林則徐就是個好例子。

　　林則徐實在有兩個，一個是士大夫心目中的林則徐，一個是真正的林則徐。前一個林則徐是主剿的，他是百戰百勝的。他所用的方法都是中國的古法。可惜奸臣琦善受了英人的賄賂，把他驅逐了。英人未去林之前，不敢在廣東戰，既去林之後，當然就開戰。所以士大夫想中國的失敗不是因為中國的古法不行，是因為奸臣誤國。當時的士大夫得了這樣的一種印象，也是很自然的，林的奏章充滿了他的自信心，可惜自道光二十年夏天定海失守以後，林沒有得着機會與英國比武，難怪中國人不服輸。

　　真的林則徐是慢慢的覺悟了的。他到了廣東以後，就知道中國軍器不如西洋，所以他竭力買外國炮，買外國船，同時他派人翻譯外國所辦的刊物。他在廣東所蒐集的材料，他給了魏

默深。魏後來把這些材料編入《海國圖志》。這部書提倡以夷制夷，並且以夷器制夷。後來日本的文人把這部書譯成日文，促進了日本的維新。林雖有這種覺悟，他怕清議的指摘，不敢公開地提倡。清廷把他謫戍伊犁，他在途中曾致書友人說：

> 彼之大炮遠及十里內外，若我炮不能及彼，彼炮先已及我，是器不良也。彼之放炮如內地之放排槍，連聲不斷；我放一炮後，須輾轉移時，再放一炮，是技不熟也。求其良且熟焉，亦無他深巧耳，不此之務，即遠調百萬貔貅，恐只供臨敵之一閧。況逆船朝南暮北，惟水師始能尾追，岸兵能頃刻移動否？蓋內地將弁兵丁雖不乏久歷戎行之人，而皆覿面接仗。似此之相距十里八里，彼此不見面而接仗者，未之前聞。余嘗謂剿匪八字要言：器良技熟、膽壯心齊是已。第一要大炮得用，令此一物置之不講，真令岳、韓[1]束手，奈何奈何！

這是他的私函，道光二十二年九月寫的，他請他的朋友不

---

[1]　宋朝中興名將岳飛、韓世忠。

要給別人看。換句話說，真的林則徐，他不要別人知道。難怪他後來雖又做陝甘總督和雲貴總督，他總不肯公開提倡改革。他讓主持清議的士大夫睡在夢中，他讓國家日趨衰弱，而不肯犧牲自己的名譽去與時人奮鬥。林文忠無疑的是中國舊文化最好的產品，他尚以為自己的名譽比國事重要，別人更不必說了。士大夫階級既不服輸，他們當然不主張改革。

　　主張撫夷的琦善、耆英諸人雖把中外強弱的懸殊看清楚了，而且公開地宣傳了，但是士大夫階級不信他們，而且他們無自信心，對民族亦無信心，只聽其自然，不圖振作，不圖改革。我們不責備他們，因為他們是不足責的。

中國近代化的延誤

郭廷以

一

　　任何一個國家民族的歷史，均可以說是一部生存競爭的歷史。競爭過程的順逆和結果的成敗，決定這個國家民族的禍福命運。順逆成敗，則又決之於國家民族對於時代環境的適應能力，亦就是決之於近代化的程度。要能適應環境或近代化，首須對於環境與時代具有正確的認識，否則就無從說起。無疑義的，近代中國在民族大競賽中，縱不能謂為完全失敗，最少也當承認是暫時落伍。

　　中國的歷史並不孤立，歷史上很少孤立的國家民族。有史以來我們曾受過不少強大部族的憑陵，如塞外的匈奴、鮮卑、突厥、契丹、女真、蒙古以及西南的吐蕃南詔，但是他們僅恃一的優越武力，經不起長期的磨煉；我們也曾受過異域宗教思

想的薰染，特別是佛教，然而印度只有其消極性的文化，談不上別種企圖。

近代我們所接觸的「前史所未載，亙古所未通」的西洋諸國，則大異於是，不僅有其強大的武力，而且有其積極性的高度文化。於是我們遇到了新的對手，向所未有的勁敵。誠如同光年間留心時務、目光犀利的郭嵩燾所云，西洋人之入中國是天地的一大變。李鴻章、嚴復也均說這是三千年來中國的大變局，是秦以來所未有過的世變。

大家都知道時代是「變」了，外在的環境變了，而我們內在的生活方式未能切實有效的來趕上這個「變」，來適應這個「變」，因而諸事感到不「通」，一切受到威脅。這是由於我們知己知彼的工夫不夠，尤其是知彼工夫的欠缺，所謂認識不明，蹉跎遺誤，措施乖方，步驟紊亂，勞而少獲，甚至無獲。百年以來民族的悲運危機之所以致成，均須於此求之。

二

歷史是整個的，在時間上如此，在空間上亦是一樣。在古代或中世表示的容或不十分顯著，在近代則幾乎隨處都可證明，各國的歷史均成了世界史的一部分，中國自不能例外。

十五、十六世紀的文藝復興和地理發現，固然使歐洲歷史起了變化，亦使全部世界受到影響，人類開始走入了「四海一家」的時代，逐漸成為「一個世界」，正是薛福成所謂「華夷隔絕之天下，成為中外會通之天下」。

在此之前，中國與歐洲雖早有接觸，但是那種關係是若隱若現，絕續無常的。蒙古西征雖一度使之呈現明朗，而當時的西方文化並不高過東方，甚或居於中國之下，同時蒙古人既不能了解西方文化，亦無資格代表東方文化。十五世紀末年，自西歐直達遠東的航路發現，東西海道大通，一五一四年（明武宗正德九年）葡萄牙人到了廣東，從此以後，中西的關係未再間斷，愈趨愈密。

開始與中國接觸的「佛郎機」——這是當時對葡萄牙或西班牙人的稱呼，有不少是向東方覓取黃金的冒險家，但是跟蹤而至的確有許多為了傳佈福音，具有宗教熱誠的飽學之士與抱道君子，所謂「東來者大都聰明特達之士，意專行教，不求利祿」（《明史・意大利亞傳》）。他以學術為傳教手段，藉此以與社會領導人物的士大夫接近，爭取他們的同情與合作。哥倫布、哥白尼（Copernicus）發現新世界、新宇宙以來的新知識，文藝復興以後的新藝術，均經此輩耶穌會士（Jesuits）先後輸入中土，包括天文、曆法、算學、物理、輿地、美術以

及火器製造等實用科學。凡此均為明清之際，亦即自利瑪竇（Matteo Ricci）來華至康熙末年一百四十年間（一五八二——一七二一）的成就。

中國方面的反應與態度，有正有反。好之者是因為他們所講的學問，「多華人所未道」，動機為「好異」，也可說是崇尚真理。惡之者是因為他們所奉的宗教為「不合於聖人之道」的異端，將淪中國於「無父無君」，動機為「辟邪」，也可說是衛護道統。在此期間，他們曾遭受種種的挫折磨難，但確已贏得睿智而有卓識的知識份子和楊廷筠、徐光啟、李之藻輩的信服，及開明宏通的政府當局如康熙大帝的優待。

康熙本人極為愛好西學，善遇西人，使他們「各獻其長，出入禁庭，曲賜優容」（康熙五十九年十一月十八日諭西洋人）。時常由西洋教士進講天算、曆法、炮術，即是出京巡幸，亦不中輟，且將《幾何原本》譯為滿文。第一部實地測量中國的科學的地圖《皇輿全覽圖》即在他的手中完成。

法王路易十四對於東西文化的溝通，尤抱有莫大宏願，他有過書信給康熙皇帝，他派了許多有學問的教士前來，十七世紀西學的東傳，法國人的貢獻獨多。而康熙皇帝亦有其雅量與求知慾，自己對於曆算的研究「妙契精微」。以皇帝之尊，躬親宣導，自然會使「一時承學之士，蒸蒸向化，肩背相望」

（《清史稿‧疇人傳序》）。如果這種風氣繼續下去，試想當起如何的作用？近代的西方文化當在中國發生何種影響？中國是一個什麼樣的局面？

我們承認明清之際所謂西學頗屬有限，耶穌會士既比較保守，未能儘量介紹新的學理，而中國的一部分士子學人又自視頗高，華夷之見既深，名教觀念尤濃，亦不是接受新的思想。這均是中國對歐洲文化認識的障礙。

三

一七九三年（乾隆五十八年），英國派遣馬戛爾尼出使中國。

我們承認馬戛爾尼奉使在某一方面是增長了英人對中國的認識，如政治的腐敗，軍備的落伍，但仍不曾了解中西問題癥結之所在，與今後應當致力的正當大道。同時在某一方面中國之於英人，亦獲得了進一步的認識，知道其不滿現狀，心懷叵測，甚至有竊伺上國之意，加重了對英的猜忌。而此後英人的行事，益證實此種猜忌並非無據。

一六三七年（崇禎十年）英人初通中國，他所採取的就是炮艦政策，威忒（John Weddell）所率領的英船曾經攻陷虎門

炮台，強入廣州。回國之後，他提議佔領我們的海南島，他認
為武力是對華的有效辦法。自此二百年來，英國始終是朝着這
個目標，本着這個原則去做。

　　十八世紀掌握東方海上霸權之後，英國無時不想在中國獲
得一個基地。對於日趨沒落的葡萄牙所佔有的澳門，更是食指
屢動。葡人既無保護澳門的力量，奪取毫不費力，又可避免直
接刺激中國。拿破崙戰爭給它一個機會，一八〇二年（嘉慶七
年）以助協葡人預防法軍侵佔及保護遠東商務為藉口，印度總
督派艦東來，集中於伶仃洋面，準備隨時登陸澳門。葡人不表
贊同，暗中請求中國干涉，詆諆英人，謂其素號譎詐，「常懷
吞食之志，往往外假經商之名，遂其私計」。印度就是這樣遭
它吞噬的，「若容此輩在邇，殊非久安之策」。

　　中國一向認定澳門仍係天朝地界，加以葡人的挑撥慫恿，
嘉慶皇帝嚴令廣東督撫制止，「有犯必懲，切勿姑息」，態度
異常強硬。適值英法和議成立，英艦陸續開去，但已又加深了
中國的惡感。

　　五年之後（一八〇八），英國海軍又以同一理由，不顧一
切地實行將澳門強佔。兩廣總督初擬和平私了。勸令撤退無
效，不得已採取「封艙」的辦法，停止英人貿易。在中西無約
時代，封艙等於現在的絕交。英軍提督即限命英人於四十八小

時內離開廣州，實行撤僑，準備武力應付。粵督亦調集師船，
戰爭大有爆發之勢。消息至京，嘉慶皇帝憤慨之至，深恨英人
桀驁可惡，痛斥粵督辦理軟弱，命令嚴行驅逐，如其「有意違
抗，即當明示撻伐」，情勢極為險惡。因為東印度公司大班及
葡人的調解，三個月後英軍退走，而嘉慶皇帝仍有不許遽准開
艙的表示。這是英人留給中國的另一印象。

四

　　百年以來中國的悲劇之一幕一幕的演出，是由於我們的知
識文化落在人家的後面，趕不上了時代，何以落後，因素雖頗
複雜，而百年以前我們和西方失去聯繫，認識中斷，無疑有重
大關係。百年之前的百年，真是人類的一個大時代、大變局，
而我們卻一無所知。雖是我們自取之咎，而對方實亦未曾善盡
其道，特別是在華利益最大，與中國關係最深的英國，它有此
資格，有此必要，甚而有此義務。我們並非尤人，亦非以近乎
迂闊之理去責備英國，國際間本不講道義，但為英人自身打
算，炮艦政策亦非策之上者。從威忒到律勞卑，他們認為這樣
的做法可以達成目的，道咸年間的兩次對華戰爭，此種政策，
發展到了最高峰，始終無意使中國在文化方面去樂於與近代西

方世界相就。鴉片戰前和戰後三百年間英國在華究竟做了幾件文化工作？恐怕很不容易列舉出來。為了它的商業利益，為了便於它的經濟侵略，也許它以為蒙蔽中國是一種得策。但是一手遮天永久愚人是不可能的事，遲早終會使人識破，結果誤人亦復自誤。這是善於自謀者所不取的。

　　所謂自取之咎，是指我們拒人而「自閉」的措施。雍正皇帝的禁教令，乾隆皇帝以後變本加厲執行，根絕了我們與外界的文化因緣，窒息了中國的學術思想，我們在長期停滯，人家在突飛猛進，結果自然是吃了大虧。吃虧上當固然可以學到些乖巧，可是我們所付出的代價太大了。百年以來，中國民族亦已逐漸知道其應當努力的方向——近代化。可惜着手既屬太遲，方案又欠正確，落後的路程復過分遙遠。然其癥結並不全在近百年之內，實遠伏於百年之前，特別是百年前的百年。

（一九五〇年六月十五日，原載《大陸雜誌》一卷二、三期）

晚清七十年

邵循正　著

責任編輯　黃嗣朝
裝幀設計　鄭喆儀
排　　版　黎　浪
印　　務　劉漢舉

出版　中華書局（香港）有限公司
　　　香港北角英皇道 499 號北角工業大廈一樓 B
　　　電話：(852) 2137 2338　傳真：(852) 2713 8202
　　　電子郵件：info@chunghwabook.com.hk
　　　網址：http://www.chunghwabook.com.hk

發行　香港聯合書刊物流有限公司
　　　香港新界荃灣德士古道 220-248 號
　　　荃灣工業中心 16 樓
　　　電話：(852) 2150 2100　傳真：(852) 2407 3062
　　　電子郵件：info@suplogistics.com.hk

印刷　美雅印刷製本有限公司
　　　香港觀塘榮業街 6 號海濱工業大廈 4 樓 A 室

版次　2023 年 10 月初版
　　　© 2023 中華書局（香港）有限公司

規格　32 開（195mm×140mm）

ISBN　978-988-8860-59-3